30歲警官靠美股提早退休

美股夢想家施雅棠——著

☆☆☆☆☆☆☆☆☆☆☆☆☆☆☆☆☆☆☆☆☆☆☆☆☆☆☆☆☆☆☆☆☆☆☆☆☆

目錄 *Contents*

第 1 章　前置作業》申請投資入場券

☆☆☆☆☆☆☆☆☆☆☆☆☆☆☆☆☆☆☆☆☆☆☆☆☆☆☆☆☆☆

第 2 章 開始投資》搞懂交易全規則

第 3 章 買普通股》搭上成長順風車

第 4 章 買特別股》享有優先領息權

第 5 章 買公司債》打造穩定現金流

☆☆☆☆☆☆☆☆☆☆☆☆☆☆☆☆☆☆☆☆☆☆☆☆☆☆☆☆☆☆☆☆☆☆

第 6 章 實用工具》精挑資訊篩選器

☆☆☆☆☆☆☆☆☆☆☆☆☆☆☆☆☆☆☆☆☆☆☆☆☆☆☆☆☆☆☆☆☆☆☆☆☆☆

「錢」進美股必讀之作

☆☆☆☆☆☆☆☆☆☆☆☆☆☆☆☆☆☆☆☆☆☆☆☆☆☆☆☆☆☆☆☆☆☆☆

　　我想多數人應該都認同，如果看好 iPhone，應該直接買進蘋果（Apple，美股代號 AAPL）公司，而不是買台灣的蘋果供應鏈。雖然近年 iPhone 銷售量陷入衰退，但是 Apple 仍憑藉著強勢的供應鏈議價能力以及服務收入，支撐營收、獲利續創新高。

　　但在過去很長一段時間，台灣投資人對於「錢」進美股，是感到陌生、害怕的。不光只是美股的交易制度與台灣不同，英文閱讀能力的不足，讓台灣投資人無法有效率地使用海外券商、收集研究資源，也是讓台灣投資人卻步的主因。

　　如今，在美股夢想家施雅棠的這本新書《30 歲警官靠美股提早退休》出版後，台灣投資人終於有系統化學習美股投資的管道，從海外券商開戶、交易制度、收集研究資源、分析方法，到近期市場震盪，用特別股投資打造低風險穩定現金流的投資組合，都能在本書找到解答。

　　只要照著本書所寫的步驟，建立自己的美股研究及交易管道，你就可以擁有更

寬廣的投資範圍。

　　如果看好全球雲端內容服務商機，但在台股找不到具競爭力的雲端內容服務平台業者，你可以直接到美股投資全球最大的雲端內容服務業者 Google（母公司 Alphabet 的美股代號 GOOGL）；如果看好全球網路購物商機，又不想受限於國內市場，你可以直接到美股投資行銷全球的網路購物平台亞馬遜（Amazon，美股代號 AMZN）。

　　喜歡「生活投資」的你，也不需再拘泥於台灣市場，如果你喜歡看《復仇者聯盟》（The Avengers）系列電影，可以直接到美股投資迪士尼（Walt Disney Co.，美股代號 DIS，於 2009 年收購 Marvel 工作室）。你也不需再煩惱，時下年輕人流行穿 Under Armour（簡稱 UA，美股代號 UA）的衣服，台灣供應鏈到底是哪些？營收占比多高？因為你可以直接到美股投資 UA 的股票。

　　有了更寬廣的投資範圍，就可以選擇最好的投資標的，不必退而求其次，甚至可以省下很多研究供應鏈的時間。

　　此外，面對中美貿易戰，全球股市震盪，總體經濟也面臨下行的風險，卻苦於台灣債券市場不夠健全，放空制度又對投資人相當不友善。你還記得華倫‧巴菲特（Warren Buffett）在金融海嘯後，投資年利率高達 10% 的高盛（Goldman

Sachs）的特別股嗎？或許，你可以到美股健全的特別股市場尋寶，說不定能挖掘到相當不錯的投資機會，打造低風險的穩定現金流投資組合。

雖然任何新的知識都有一定的門檻，剛開始學習時，勢必要付出一些努力，但有了美股夢想家施雅棠的系統化教學，這項門檻已經大幅降低。想要擁有比別人更多、更好的投資機會，這點付出想必是非常值得的。

你準備好改變自己，「錢」進美股了嗎？

定錨投資隨筆創辦人

Paulson

我們與美股的距離

☆★☆★☆★☆★☆★☆★☆★☆★☆★☆★☆★☆★☆★☆★☆★☆★☆★☆★

　　我常常去 7-11 買東西，原因是方便，離我家不到 5 分鐘的距離。但 7-11 的商品較少，有時候想要的東西買不到，我就會到大賣場買。大賣場的品項多又便宜，我常一進去就買得不亦樂乎。其實，這就有點像台股與美股一樣，在台股之外，放眼全世界，還有一個特別大的「賣場」（美股），裡面賣了很多好股票。

　　很多人認為大賣場距離遙遠，裡面品項太多也弄不清楚，不如每天逛的 7-11。其實我覺得不要害怕投資美股，裡面有很多股票都是我們日常生活所知的。例如出門時輕鬆穿的運動鞋品牌是 Nike（美股代號 NKE）；走在路上累了就想坐在星巴克（Starbucks，美股代號 SBUX），一邊喝咖啡、一邊用蘋果（Apple，美股代號 AAPL）手機滑臉書（Facebook，美股代號 FB）；喝完咖啡後肚子有點餓，遠遠地看見一個黃色的大「M」麥當勞（McDonald's，美股代號 MCD），到裡面飽餐一頓後，最後到電影院去看迪士尼電影（Walt Disney Co.，美股代號 DIS）。

　　大家有發現在我們日常生活中，充斥著非常多美國公司製造的商品嗎？那些物品都是我們很熟悉的，所以我們與美股的距離，其實沒有這麼遙遠。

　　另外一個大家可能害怕投資美股的原因是語言的問題，覺得自己英文不夠好。其實，現在美股開戶可以線上申請，部分美股券商的網站甚至是全中文介面，還有中文客服，而查詢美股資料也有專門的中文網站，例如雪球（https://xueqiu.com）、Money DJ 理財網（www.moneydj.com）。

　　我喜歡美國市場還有一個很重要的原因，就是可以投資美債。評估美債好不好甚至比評估美股好不好還要更容易！因為要評估一家公司會不會倒，比評估一家公司營收會不會漲容易多了。台灣的債券市場大部分都被法人包了，但美國市場，可以投資公債、市政債、公司債等各種債券項目，而且投資很方便，因此退休族可以利用美債來打造自己每月的退休現金流。

　　我很推薦《30 歲警官靠美股提早退休》這本書，因為它很完整、鉅細靡遺，可以作為台灣股民跨足美股的第一本書，從美股怎麼開戶、有什麼應該知道的細節（開盤時間、稅率、遺產稅），到如何看財報、評估一家好公司，可說是應有盡有。此外，還有特別股、公司債、如何股債平衡等內容，而且搭配圖片、一步一步寫得淺顯易懂，故此，艾蜜莉推薦這本書給大家！

存股小資女艾蜜莉

張紫凌

投資世界無國界

☆☆☆☆☆☆☆☆☆☆☆☆☆☆☆☆☆☆☆☆☆☆☆☆☆☆☆☆☆☆☆☆☆

　　記得在 2015 年，我的第一本投資理財書《6 年存到 300 張股票》問世後，施雅棠夫妻專程到我任教的學校拜訪我，我第一次認識到這位謙虛、專業、努力的年輕人。他跟我同樣是公務員，也一樣認真研究股票投資，我們都不敢信任政府的退休金制度，都想靠投資股票來存退休金，都想早點脫離「朝九晚五」的上班生涯。

　　唯一不同的是，施雅棠專精美股投資，所以他也成為我投資美股的私人顧問。其實投資的世界本來就無國界，中心概念就是「靠好公司幫我賺錢」。拿我長期持有的台積電（2330）為例，很多以前科技做不到的產品（自駕車、家庭機器人等）在未來都會一一被實現，但這些產品都需要 IC（積體電路）。科技愈進步，IC 的需求就愈多，所以專門製造 IC 且技術首屈一指的台積電，正身處廣大無垠的藍海。

　　同樣地，過去幾十年來美國成為超級強國，不論經濟、科技、醫學等領域都領先全球，蘋果（Apple，美股代號 AAPL）、Google（母公司 Alphabet 的美股代號 GOOGL）、亞馬遜（Amazon，美股代號 AMZN）等，也都成為領先全球的企業。如果錯開了美股，等於放棄讓這些世界級好公司來幫我們賺錢的機會。

2019 年最勁爆的一則新聞，亞馬遜創辦人貝佐斯（Jeff Bezos）的前妻瑪肯西（MacKenzie Bezos），因離婚協議獲得亞馬遜股權的 4%，市值約 360 億美元（約合新台幣 1,080 億元），這個金額大概是鴻海（2317）董事長郭台銘身家的 5 倍。由於網路崛起，亞馬遜、阿里巴巴等電商迅速席捲了實體的零售業，股神巴菲特（Warren Buffett）曾經表示自己錯估情勢，並後悔沒買進亞馬遜的股票。

就算是股神巴菲特也會看走眼，台灣人想投資美股，想必也是困難重重吧？首先要克服語言的障礙，要怎樣搜尋及閱讀美股的新聞與財報呢？開戶也是一大問題，要在美國開戶嗎？還是在台灣用券商的複委託呢？買賣美股的手續費是多少？股利需繳交多少稅負？還有遺產跟贈與稅呢？而且美股沒有漲跌幅限制，對於習慣 10% 漲跌停板的台灣人會不會水土不服啊？

當初我想買進美股就碰到了這麼多的疑問！所以我一直鼓吹施雅棠出書。藉由他分享經驗，我可以快速精準地投資美國。很高興施雅棠終於推出了這一本《30歲警官靠美股提早退休》，對於美股愛好者來說真的是一個大福音。只要買進並熟讀此書，你也可以順利「錢進美國」，輕輕鬆鬆靠美國的大企業來幫你賺錢。

《我用 1 檔 ETF 存自己的 18%》作者

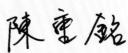

打造穩定現金流
邁向財務自由人生

☆☆☆☆☆☆☆☆☆☆☆☆☆☆☆☆☆☆☆☆☆☆☆☆☆☆☆☆☆☆☆☆

回想起我 2010 年剛從中央警察大學（簡稱警大）畢業時，當時領到人生第一筆薪水很是開心，但也覺得警官的工作好累，經常深夜輪班，業務非常繁重。雖然我才剛出社會，但卻已經不爭氣地在思索退休的事情了。就在我苦思如何早日退休時，我忽然想起一位大學同學的故事。

以前念警大時一點自由都沒有，週一到週五都關在學校，每天早晚點名，練跑步、柔道和射擊，但最大好處就是吃住全部免費，而且每月還有 1 萬多元的零用金。因此，每到星期五晚上開始放風時，就是揮霍這 1 萬多元的時刻，能花則花，能買就買。彷彿要把這些錢花光光，才可以好好慰勞自己。

當時我就是這麼揮金如土，但這位同學卻獨樹一格，他選擇把這些零用錢存起來，很早就開始投資。也因此當我還是月光族時，他已經有了一筆屬於自己的財富。就在我回想這位同學的往事時，忽然驚覺，難道我之後還要繼續每天辛苦工作，然後當月光族，陷入無限窮忙的輪迴中嗎？

想通這點後，我開始很努力地學習投資，從台股起步，之後漸漸進展到美股市場，接觸各式各樣的投資工具（普通股、特別股、公司債），並從中發掘不同資產的特性，逐步實現自己的財務目標。截至 2019 年 5 月，我在美股和美債的投資績效約 20%，光是去年（2018 年），我的投資收入（配息＋資本利得）就約有 123 萬元，超過我辛苦一年工作的收入。

由於警官工作非常繁重，我想早日擺脫這樣的生活，加上我對投資產生了濃厚熱情，希望能有更多時間鑽研投資技巧，所以我選擇在今年 6 月提早離職。現在可以每天過著自由自在的生活，也是我始料未及的。仔細回想這 9 年學習投資的歷程，我認為要提早達成財務自由有 3 個重點：

重點 1》先有穩定工作，才可以做好投資

我大學剛畢業時，第 1 份工作就是擔任警官，這份工作與同年齡朋友相比有著還不錯的收入，每月薪水平均約 6 萬～ 8 萬元，而我就盡量省吃儉用，將超過一半薪水都拿去投資。

但我認為，即使是起薪較低的小資族也不用灰心，因為依我實際觀察，月薪愈高的人，開銷往往愈大，所以薪水高不代表可投資金額就多，若懂得開源節流，小資族依然可以靠投資翻身。

重點 2》先存錢再花錢，就有更多資金投資

有了穩定的工作收入以後，記得堅持先存錢再花錢，例如我剛畢業時，就每月先將一半薪水存起來，剩下的錢才是我的生活費。而且一切開銷盡量節省，爲了省租金住在 5 坪不到的雅房，約會地點從電影院、餐廳更改至不用錢的圖書館及書店，這樣算下來，每年約可省下至少 12 萬元。唯有認眞存錢、盡力省錢，才能夠投入更多資金在投資上面，將資產逐漸放大。

重點 3》努力累積資產，打造穩定現金流

我認爲實現財務自由最簡單的方式就是「專注打造足夠的現金流」，只要將現金流持續買進資產，資產就會逐年穩定成長，然後這些資產產生更多的現金流，又能再買進更多的資產。若能耐心堅持下去，當每年現金流超過生活支出時，就達成財務自由了。

除了上述 3 個重點以外，我尚有許多投資心得想向大家分享，遂提筆撰寫此書。本書共分 6 章，第 1 章介紹投資美股的前置作業，像是如何開戶、怎麼兌換美元較划算等。第 2 章帶你認識什麼是美股、有哪些要注意的眉角。第 3 章帶你進入美股實戰。第 4 章和第 5 章分別介紹美國特別股和美國公司債，這兩項投資工具也是打造現金流不可或缺的好幫手。第 6 章則介紹一些與美股、特別股和公司債

相關的實用圖解教學，讓大家能夠 Step by Step 跟著做，更快上手。

　　其實投資美股比你想的更簡單，希望藉由此書分享我的投資方式，讓你能夠跟著我一起透過投資美股，只要持之以恆，用耐心累積資產，創造足夠被動收入，就能邁向財務自由！

　　最後，在此特別感謝《Smart 智富》副總主筆劉萍、記者周明欣對本書諸多相助，使本書得以付梓。也非常感謝存股小資女艾蜜莉、不敗教主陳重銘、定錨投資隨筆創辦人 Paulson 替我友情推薦。在過去學習投資的路上，幫助過我的朋友實在太多，祝福每位朋友都能在自己的領域發光發熱。

美股夢想家

施雅棠

第 1 章

前置作業》
申請投資入場券

與其投資概念股
不如直接買進美股的4理由

1-1

2010 年我開始學投資時也是從台股起步，直到 2012 年才下定決心去美國股票市場買蘋果（Apple，美股代號 AAPL）股票，因為實在懶得再花任何時間去分析蘋果供應鏈，例如台積電（2330）、大立光（3008）、鴻海（2317）等，都是以接蘋果訂單為主的公司。我認為，與其擔心這些公司下一季會有多少蘋果的訂單、蘋果會不會臨時轉單或抽單這種問題，直接去買蘋果的股票比較簡單。

有句話說：「擒賊先擒王」，只要投資蘋果股票，就不需要再擔心蘋果會把訂單給哪家公司。反正，不論蘋果將訂單轉給哪一家廠商，最後都會是蘋果賺最多。

而且自 2016 年開始，股神華倫‧巴菲特（Warren Buffett）大買蘋果已經不是新聞，與其在台股努力尋找巴菲特概念股，不如直接去投資巴菲特正在買進的股票更能穩定獲利。坊間學習巴菲特的書籍很多，但巴菲特始終是在美國股市投資，他甚至還說過，若不是在美國，他不會如此成功，如果是這樣的話，為什麼不直接投資美股呢？

很多朋友在開始投資美股前，總會因為種種因素猶豫不前。許多朋友認為，美股是在台灣時間的晚上才開盤，看盤時間難以配合；又或者，相關資料都是英文，跨入門檻相當高⋯⋯種種原因使許多人對投資美股仍無法放心。

不過，其實投資美股比大家想像的還要簡單，例如開設美國證券帳戶，不用大老遠跑到美國，只要在網路上點一點就能開戶，許多券商也都早就提供中文介面，甚至有中文客服，不論任何疑難雜症都可以溝通順暢。匯款也比大家想像的容易，除了第 1 次必須至台灣的銀行臨櫃辦理約定帳戶之外，之後每次匯款都可以在網路輕鬆搞定，只要資訊輸入無誤的話，資金 1 天內即可入帳。

不只開戶、匯款這類技術問題可輕易克服，更重要的是，投資美股實在有太多好處，以下是我認為一定要投資美國股市的 4 個理由：

理由 1》全球績優企業都在美國上市，投資選擇多

世界上許多大家耳熟能詳的績優企業，例如蘋果、Google（母公司 Alphabet 的美股代號 GOOGL）、臉書（Facebook，美股代號 FB）、亞馬遜（Amazon，美股代號 AMZN）、可口可樂（Coca-Cola，美股代號 KO）、好市多（Costco，美股代號 COST）、星巴克（Starbucks，美股代號 SBUX）等，統統都在美國上市。而且投資美國公司的選擇遠比台灣多，目前台股大約 1,700 多檔股票，但美股則

有超過 7,600 檔的股票，這就像在便利商店與大賣場採購的差別，在大賣場找到心中理想目標的機會自然更高。

由於台灣企業大多屬於電子零件代工產業，多數投資人對於蘋果推出的手機——iPhone 內到底裝了什麼零件並不清楚，也很難搞懂每種零件的差別以及用途。但投資人對於 iPhone 本身就一定非常熟悉，可以輕易知道蘋果手機與其他品牌手機的差別。既然如此，與其投資「蘋果供應鏈」，不如直接投資「蘋果」，反而更有效率。

理由 2》美國監管制度成熟，不需擔心海外券商倒閉

由於美國資本市場發展超過百年，美國政府的監管程度相對嚴格，可以提供投資人完整的保障，台灣常見的海外券商，如第一證券（Firstrade）、嘉信理財（Charles Schwab）、盈透證券（Interactive Brokers）等，都同時是美國證券投資者保護公司（Securities Investor Protection Corporation，SIPC）及美國金融業監管局（Financial Industry Regulatory Authority，FINRA）的成員，必須受相關法規監督，投資人在海外券商的資產能因此獲得保護。

此外，證券投資者保護公司會提供對證券用戶擔保 50 萬美元（約合新台幣 1,500 萬元）以下的保障。而美國金融業監管局則負責相關監管工作，確保券商

符合法規，保障投資人權益。

理由 3》美股交易手續費較台股便宜，甚至 0 手續費

台股交易手續費是以「股數 × 成交價 ×0.1425%」做計算，若不滿新台幣 20 元則以 20 元計算，等於買賣數量愈多，手續費就愈高，且賣出股票時還要扣證券交易稅千分之 3，可說是非常昂貴。相比之下，美股交易成本實在低廉太多。

許多海外券商手續費以「筆」為單位，不論買多少股都是收取一樣的手續費，也就是說，投資人買 1 股所需的手續費，跟買 100 股、1,000 股甚至更多股數的手續費都一樣。加上近年來美國海外券商競爭激烈，手續費更是逐年調降，甚至有些券商推出「零手續費」的服務（如第一證券），替投資人徹底實現零成本投資。

理由 4》可以請巴菲特操盤，或跟著巴菲特買股

巴菲特是舉世皆知的投資大師，而波克夏海瑟威（Berkshire Hathaway，美股代號 BRK.A）正是他親自管理的公司。1965 年，巴菲特剛開始管理波克夏海瑟威時，當時股價只有 11 美元，隨後巴菲特帶領波克夏海瑟威成功轉型，投資許多績優企業，使波克夏海瑟威股價節節高升。截至 2019 年 4 月 16 日止，波克

夏海瑟威股價高達 31 萬 7,500 美元。若以巴菲特管理時的 11 美元計算，54 年來共漲了 2 萬 8,863 倍（31 萬 7,500÷11），年化報酬率約 20%，是超級驚人的成績。

我們很難完整學習巴菲特的投資智慧，也很難完美複製巴菲特的成功，但我們可以透過投資波克夏海瑟威的方式，直接請巴菲特替我們投資。雖然波克夏海瑟威股價高昂，但 1996 年波克夏海瑟威正式發行 B 股（美股代號 BRK.B），大幅降低了投資門檻。

2019 年 5 月 29 日，波克夏海瑟威 B 股股價 198.52 美元，約為 A 股股價的 1,500 分之 1，約合新台幣 5,956 元，是大多數人都可以負擔的門檻。且波克夏海瑟威 B 股除了投票權較低外，其他權益均與 A 股相同，是很不錯的投資標的。

若不想投資波克夏海瑟威，想要自己設計投資組合，我們也可以直接觀察巴菲特正在買進的股票，來大幅縮短研究時間！

依照美國證券交易委員會（United States Securities and Exchange Commission，SEC）規定，管理超過 1 億美元資產之經理人，必須填報 13F（機構投資者的持倉情況）報表，在每季（正常季度）結束後的 45 天內揭露持股，而巴菲特也必須遵守這個規定。因此，投資人可透過 13F 報表來定期追蹤巴菲特

每季最新的持股變化，推敲巴菲特背後的投資動機，找出巴菲特最青睞的股票（詳見 6-1）。

而且，美國並不只有巴菲特在投資股票，我們可以同時參考很多優秀經理人的點子，再來設計自己的投資組合。與其自己花時間胡亂研究股票，不如仔細研究這些高手買什麼，並嘗試推敲背後的買進原因。如此一來，既可大幅節省研究時間，收穫也一定會更豐富。

也許有人會問，投資波克夏海瑟威與跟著巴菲特買股票有什麼差別？兩者間的差異在於，波克夏海瑟威本身已經擁有非常多績優企業，概念上比較類似基金，等於可以一籃子擁有很多好公司，但比絕大多數基金更棒的是，還有個超級經理人巴菲特替你管理。因此，理論上，買進波克夏海瑟威的報酬有機會超過投資市面上大多數基金的報酬。

而跟著巴菲特買股，則是可以直接投資巴菲特最看好的公司，更有機會賺到比投資波克夏海瑟威更多的報酬，但是相對也要承受巴菲特看錯公司的風險。

畢竟股神也是人，也會有看錯公司的時候，例如巴菲特 2011 年大筆投資 IBM（美股代號 IBM），之後沿路向下加碼，至 2016 年年底最高峰時持有約 8,123 萬股 IBM，巴菲特曾表示，他投資 IBM 的成本在 170 美元左右。但從 2017 年

年初，巴菲特卻開始出脫 IBM，由於資金規模龐大，只能分批慢慢賣，2017 年至 2018 年第 1 季才陸續將 IBM 股票賣光，而這段期間 IBM 股價平均約 155 美元，推估巴菲特這筆投資至少虧了 12 億 1,800 萬美元。

　　總結來說，沒有時間做功課的投資人可以考慮直接買進波克夏海瑟威，有時間做功課的投資人則可以考慮觀察巴菲特正在買什麼股票，再依據自己的需求，設計個人專屬的投資組合。

認識2大投資管道
找出最速配選擇

了解投資美股的 4 大理由之後,接著來看投資美股的管道。

目前投資美股的管道主要分為複委託和海外券商兩種,每家券商特色均不大相同。依據我自身的經驗,同時多開幾家海外券商帳戶,善用不同券商特色,才是最有利的選擇。

下面我就簡要分析各投資管道的特色,並依實際使用經驗的開戶難易度、手續費、資金門檻和產品服務分別評分如下,滿分 5 顆星。特別注意的是,開戶難易度愈低、手續費愈低、資金門檻愈低、產品服務愈少,則星數愈低。

複委託》開戶流程簡易,且資金門檻僅約新台幣 1000 元

複委託是國內金融機構提供的海外證券交易服務。因此,投資人只要到國內各大券商開立複委託帳戶,就可以開始投資美股(詳見表 1)。

1. 開戶難易度★☆☆☆☆

複委託的開設非常容易，投資人只要準備身分證、第二身分證件（如健保卡、駕照、護照、戶籍謄本）、銀行存摺正面影本、印章，至國內各大券商分公司即可開戶。

2. 手續費★★★★★

由於複委託是由國內金融機構委託海外券商進行交易，所以複委託交易成本相對高昂，因為不論海外券商或國內金融機構都需要收取手續費。

目前各家券商複委託手續費不一。平均來說，單筆交易手續費為0.1%～0.2%，最低交易金額為 10 美元～ 30 美元。相比海外券商，複委託所收取的手續費非常高，比較適合交易頻率低，長期持股的投資人。

3. 資金門檻★☆☆☆☆

複委託開戶門檻平均大約新台幣 1,000 元左右，門檻算是相當平易近人，如果對於錢放海外始終有所疑慮的投資人，那麼就可以考慮使用複委託。

4. 產品服務★★★☆☆

有任何買賣或匯款問題都有專人服務，而且，投資人可以直接使用原有的新台幣銀行帳戶交易，無須再多開設外幣帳戶，流程簡化許多。另外，美國遺產處理

表1	使用複委託買海外投資商品,無須另外開設外幣帳戶

——複委託開戶相關資訊

項目	說明
開戶方式	線上申請、臨櫃申請
網頁介面	中文
開戶證明文件	1.身分證/外僑居留證/護照 2.第二身分證件(如健保卡、駕照、護照、戶籍謄本) 3.銀行存摺正面影本 4.印章
手續費	各家券商不一,平均單筆收取交易金額的0.1%~0.2%,最低交易金額為10美元~30美元
資金門檻	約新台幣1,000元
產品服務	可使用原有的新台幣帳戶直接交易,無須另外開設外幣帳戶

資料來源:富邦複委託

程序相對複雜,開設複委託就有台灣專人可以協助處理相關稅務程序,也是很吸引人的地方。

不過,複委託投資商品相較海外券商種類少,商品以股票為主,許多債券、ETF(Exchange Traded Funds,指數股票型基金)、特別股等都常有無法購買的情形或交易門檻相當高,部分公司債交易門檻甚至高達10萬美元,也因此減少很多投資機會。如果涉獵產品較多,採行海外券商會比較適合。

海外券商》手續費較複委託低廉，甚至免收手續費

第一證券（Firstrade）

第一證券（網站：www.firstrade.com）為美國的合法海外券商，最大特色就是中文化做得非常完整，成功開戶後就可投資美股。而且目前投資股票、ETF 及選擇權免收手續費，若以這 3 項為主要投資產品的投資人，可以考慮此家海外券商（詳見表 2）。

1. 開戶難易度★★☆☆☆

第一證券開戶很簡單，我認為剛接觸美股的人可以優先考慮選擇第一證券開戶。所有開戶流程均可用網路搞定，而且全程提供中文介面，文件上只要準備好有效護照即可。若成功開設帳戶後，護照超過有效期限，也可以線上更新護照資料。從在網路上送出開戶文件到帳戶正式審核通過，平均流程不會超過 2 個工作天。

開戶過程中也可隨時聯繫中文客服，而且只要在手機下載 Skype 的 App，就可以免費撥打美國客服電話 +1-888-889-2818，與客服人員即時溝通。Skype 的通話品質也相當優秀，使用體驗與手機撥打一般電話完全相同。

2. 手續費★☆☆☆☆

由於海外券商競爭相當激烈，各家券商手續費都持續調降，第一證券更推出零

表2　第一證券手續費、資金門檻低，適合小資族
—— 第一證券開戶相關資訊

項目	說明
開戶方式	線上申請
網頁介面	中文
開戶證明文件	有效護照
手續費	0美元（限交易股票、ETF或選擇權）
資金門檻	無
產品服務	交易公司債必須收手續費，且手續費相對不透明

資料來源：第一證券、美股夢想家

手續費服務。如果投資產品為股票、ETF 或選擇權，都不需要收取任何的手續費，可以徹底實現零成本投資。

3. 資金門檻★★☆☆☆

第一證券對於開戶門檻沒有任何要求，投資人無須先行存入開戶資金，也可以完成開戶，因此是小資族的首選。投資人可以等自己完全熟悉交易介面及流程，資產累積足夠後，再決定是否要存入資金。

每次要存入多少資金並沒有金額限制，但由於第一證券為海外券商，所以從台

灣匯款至海外屬國際匯款，手續費較高，通常我自己會至少存到 1 萬美元後再匯款，關於國際匯款詳細步驟詳見 1-3。

4. 產品服務★★★☆☆

第一證券較可惜的地方就是交易公司債必須收手續費，而且會因為投資人購買額度的不同而有差別收費，手續費隱藏在公司債報價上，因此無法確定券商到底收了多少。因此，若是以公司債為主要投資產品的投資人，就不適合在第一證券開設帳戶。

嘉信理財（Charles Schwab）

嘉信理財（網站：www.schwab.com.hk）為美國的合法海外券商，最大特色就是提供跨國提款卡，而且還補貼提款手續費，在全球 ATM 都可迅速領出嘉信理財帳戶裡的資金，而且不用負擔任何手續費（詳見表 3）。

1. 開戶難易度★★★☆☆

嘉信理財開戶的難易度比第一證券複雜，不但要填寫帳戶申請表和美國國稅局（Internal Revenue Service，IRS）W-8BEN 表格，所需的證明文件也比較多，除了有效護照外，還要額外準備水電瓦斯等帳單作為地址證明。

雖然開戶過程也均為線上開戶，但送出開戶文件後，還必須等待嘉信理財審核，

表3	嘉信理財提供跨國提款卡，海外投資人可隨時提領資金 ——嘉信理財開戶相關資訊
項目	**說明**
開戶方式	線上申請
網頁介面	中文
開戶證明文件	有效護照、水電瓦斯等帳單作為地址證明
手續費	單筆4.95美元（限交易股票、ETF或選擇權）
資金門檻	2萬5,000美元（約合新台幣75萬元）
產品服務	提供跨國提款卡，方便海外投資人在全球任一ATM隨時提領帳戶資金，且無須負擔任何費用

資料來源：嘉信理財、美股夢想家。

有時甚至會等超過兩個星期以上。等到嘉信理財審核完開戶文件後，申請人會接到嘉信理財打來的電話，詢問基本資料等問題，確認核對無誤後，才能完成開戶，整體作業流程相對漫長。

2. 手續費★★★☆☆

由於海外券商競爭相當激烈，各家券商手續費都持續調降，嘉信理財手續費也從過去的單筆 6.95 美元調降至 4.95 美元，但相比第一證券的零手續費，仍有一段距離。

3. 資金門檻★★★★★

　　嘉信理財的開戶門檻高達 2 萬 5,000 美元（約合新台幣 75 萬元），由於台灣投資人匯款至美國券商帳戶均使用國際電匯方式，所以若是剛開始存錢的朋友，建議可以先慢慢累積資金到達門檻之後再一次單筆匯出，這樣匯款手續費會比較划算。

4. 產品服務★★★☆☆

　　嘉信理財最大特色就是可以申請跨國提款卡，而且會完全退還提款手續費。若投資人擁有這張提款卡，就可以在全球 ATM 領取存放在嘉信理財帳戶裡的資金，而且無須負擔任何手續費。

　　舉例來說，投資人可以直接在台灣的 ATM 領取嘉信理財帳戶裡的資金，若領取新台幣 1 萬元，嘉信理財會扣除相對應的美元以及 ATM 所收取的提款手續費，匯率以當時的即期匯率計算，而 ATM 所收取的提款手續費通常隔天就會退回嘉信理財帳戶，等於可以免費領取嘉信理財帳戶裡的資金。

　　除了台灣的 ATM 可免費提領外，幾乎全球 ATM 都可以免費跨國提款，依我自身旅遊多個國家的經驗，如日本、韓國、新加坡、馬來西亞、菲律賓、香港、澳門等，都可以成功領取當地貨幣。只要有了這張提款卡，除了可以在台灣領取資金外，出國玩也不用先換大量現金，到當地國家花多少領多少，既安全又方便。

盈透證券（Interactive Brokers）

盈透證券（網站：www.interactivebrokers.com.hk）最大特色就是可以用一個帳戶投資全球主要國家股票。而且，除了股票外，盈透證券的債券交易服務也相對完善、透明（詳見表4）。

1. 開戶難易度★★★☆☆

盈透證券的開戶流程均可在網路上完成，在文件上需要準備身分證明及地址證明，身分證明可上傳護照、身分證等，地址證明可上傳水電費帳單、駕照等，只要事先備妥文件，進入官網依步驟點選，就可以輕鬆完成開戶。盈透證券的開戶介面也是全程中文，因此無須擔心語言問題。

2. 手續費★★☆☆☆

相比許多美國券商採用單筆手續費不限股數的收費方式，盈透證券是以股數計算手續費，1股收取0.005美元，最低收取1美元，最高收取交易金額的1%。

從以上收費方式可以看出，盈透證券比較適合買高價股，若買低價股就比較不划算，因為要購買的股數會比較多。

例如A公司股價10美元，若投資1萬美元、購買1,000股，這時盈透證券將收取5美元（1,000×0.005）手續費，而嘉信理財則不限股數都收取4.95美

元的手續費。

　　而若 B 公司股價為 100 美元，同樣投資 1 萬美元、購買 100 股，盈透證券將收取 1 美元（100×0.005 ＝ 0.5 ＜ 1 美元，故以 1 美元計算）手續費，而嘉信理財仍然收取 4.95 美元手續費。

　　整體而言，以投資美股來說，第一證券仍然是最划算的，而要選擇盈透證券或嘉信理財，則要看股價高低，才能知道收取手續費的多寡。

3. 資金門檻★★★☆☆

　　盈透證券並無最低開戶門檻，但帳戶淨資產若低於 2,000 美元，每月會收取 20 美元管理費；若為 2,000 美元到 10 萬美元者，每月會收取 10 美元管理費；若超過 10 萬美元，則每月不收管理費。

　　每月交易手續費可折抵帳戶管理費，僅就不足部分收取。例如帳戶淨資產有 1,000 美元，本月交易手續費 10 美元，原需收取 20 美元管理費，經手續費折抵後，僅需收取 10 美元（20 － 10）管理費。

　　整體而言，盈透證券適合資金較為充裕或交易頻率較高的投資人，如此才可有效將投資成本降到最低。

表4	除了投資美股外，開設盈透證券帳戶亦可投資多國股市

——盈透證券開戶相關資訊

項目	說明
開戶方式	線上申請
網頁介面	中文
開戶證明文件	1.身分證明（護照、身分證） 2.地址證明（水電費帳單或駕照）
手續費	每1股收取0.005美元，最低收取1美元，最高收取交易金額的1%
資金門檻	無，但帳戶淨資產若低於2,000美元，每月會收取20美元管理費；若為2,000美元到10萬美元者，每月會收取10美元管理費；若超過10萬美元，則每月不收管理費
產品服務	除了投資美股以外，亦可投資歐股、日股、港股、陸股等世界各主要國家股市

資料來源：盈透證券、美股夢想家

4. 產品服務★★★☆☆

盈透證券最大特色是可以用一個帳戶交易全球主要國家的股票，可投資美股、歐股、日股、港股、陸股等世界各主要國家股市。此外，盈透證券提供的債券交易平台是我所使用券商中最完整的。由於債券不像股票有交易所可以統一報價，所以同一檔公司債在不同券商間會有不同報價，甚至在同一家券商，也會因為投資人購買的數量而有不同報價，而盈透證券是少數將債券交易做到像股票交易一樣的券商，清楚提供買賣價及成交量等資訊，使公司債交易變得相對透明許多。

表5	**善用不同投資管道特色，可截長補短、取得最大優勢**			

——美股投資管道特色比較表

項目	複委託	海外券商		
		第一證券	嘉信理財	盈透證券
開戶難易度	簡單	簡單	難	難
股票交易手續費	昂貴	0美元	4.95美元	每股0.005美元，最低收取1美元，最高收取交易金額的1%
資金門檻	約新台幣1,000元	無規定	2萬5,000美元（約合新台幣75萬元）	無規定，但若帳戶淨資產在10萬美元以下，會酌收管理費
產品服務	投資商品相對較少，但有台灣專人可以協助處理買賣、匯款、稅務程序等問題	投資股票、ETF或選擇權無須手續費，但公司債必須收取手續費	可投資股票、ETF或選擇權等，最大特色是可申請跨國提款卡，而且無須負擔任何手續費	可以用一個帳戶交易全球主要國家股票，且其債券交易平台非常完整
適合對象	適合交易頻率低，長期持股的投資人	小資族	適合經常出國旅遊或需要隨時提領資金的投資人	適合涉獵產品廣泛的投資人

資料來源：各家券商、美股夢想家

　　綜上所述，使用複委託最大的好處是由台灣專人提供服務，投資人只要到國內各大券商開立複委託帳戶，就可開始投資美股。而且可以直接使用原有的新台幣銀行帳戶交易，無須再多開設外幣帳戶，更不需要把錢匯到國外，面對相對複雜

的遺產處理程序,很適合對資金放在海外有所疑慮的投資人。但此種方式交易成本相對就非常高昂,提供的產品種類也比海外券商少。

使用海外券商最大的好處是交易成本非常低廉,手續費大多以「單筆」計算,而不是用「百分比」計算,所以買愈多愈划算,不論單筆購買多少股手續費均相同。近來海外券商競爭相當激烈,手續費更是持續調降,例如第一證券甚至推出零手續費的服務,不論購買多少股票、ETF 及選擇權都不需收取任何手續費。

除了交易成本便宜外,常見的海外券商如第一證券、嘉信理財、盈透證券等等,也都有提供中文客服人員,因此可以不用擔心溝通問題。而且,它們提供的產品也非常多元,更能幫助投資人掌握每個投資機會。

由於不論複委託或海外券商都有優缺點,建議可以多方使用不同帳戶,依據自身的情況,挑選最適合的管道,唯有善用各家特色截長補短,才是最有利的選擇(詳見表 5)。

熟悉國際匯款流程
資金流通更快速

了解如何開設美股證券帳戶之後，下一步就是要把錢存進去。

一般來說，存入金額必須是美元而非新台幣，因此，下面我們就來看投資人應該要如何匯出及匯回資金，並探討用多少匯率兌換美元才算便宜。

開設外幣帳戶，將資金匯入海外券商約定匯款帳號

先來說明投資人要如何匯出及匯回資金，主要可分成 4 個步驟：

1. 去習慣的銀行開設一個外幣帳戶，同時臨櫃請銀行行員設定美國券商約定匯款帳號。
2. 用外幣帳戶下單買美元。
3. 把外幣帳戶的美元匯到海外券商約定匯款帳號，並註明券商帳戶名稱及帳號。
4. 再用海外券商的美元買美股。

各家銀行的匯款流程均大致相同，文末的圖解教學❶、❷以臺灣銀行匯款至第一證券（Firstrade）為例，示範如何進行國際匯款。

1 美元兌新台幣 31.75 元以下，即可考慮換匯

了解如何匯出和匯入資金以後，接著就來探討什麼樣的匯率對於投資人來說是最划算的。

雖然匯率受到各國經濟成長及貨幣政策等因素干擾，非常難以預測未來走向，但依然有一些線索可以依循。

統計 1998 年到 2018 年，過去 20 年美元兌新台幣走勢，最高大約為 1 美元兌新台幣 35 元（2002 年 2 月），最低大約為 1 美元兌新台幣 28.5 元（2011 年 5 月，詳見圖 1）。

若取平均值的話，在過去 20 年間，只要能在 1 美元兌新台幣 31.75 元以下多買些美元，有一半時間都不會有匯損。

其實就算不小心買貴了也沒關係，因為投資是長期的，所謂「匯損」只有在投資人要將美元換回新台幣時才會發生，所以沒有買賣，就沒有傷害。

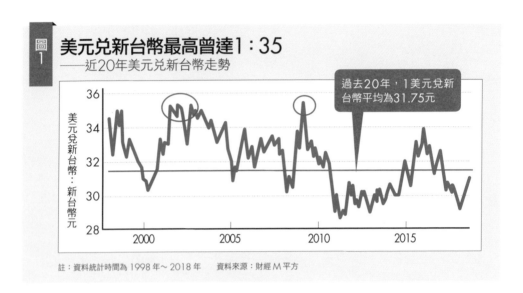

圖 1

美元兌新台幣最高曾達1：35

—— 近20年美元兌新台幣走勢

過去20年，1美元兌新台幣平均為31.75元

註：資料統計時間為 1998 年～ 2018 年　　資料來源：財經 M 平方

　　除非投資週期相當短，經常發生要將美元換回新台幣的情形，不然參考過去 20 年走勢，美元兌新台幣大約 3 年～ 5 年就會有一個循環，只要投資週期超過這個時間，就算不小心買在高點，還是能夠解套，投資人不需過於擔心。

圖解教學❶　如何將資金匯到海外券商戶頭？

美國券商都會提供國際匯款資料，由於我們大多是以國際投資人身分投資美股，所以是選國際匯款，此處以臺灣銀行匯至第一證券為例。首先，到臺灣銀行的任一分行，把❶第一證券提供的匯款資料拿給臺灣銀行的行員，請對方幫你設定美國券商約定匯款帳號。

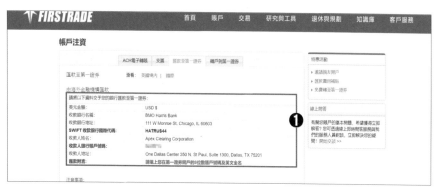

匯款資料設定完成後，登入臺灣銀行的網路銀行（https://ebank.bot.com.tw）。接著，點選左側功能表列中的❶「外匯類轉帳」，再點選❷「外匯匯出匯款」。

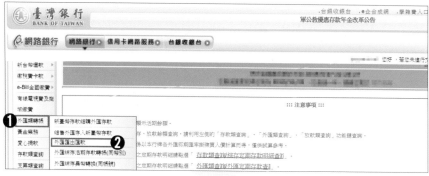

接續下頁

進入下一個頁面後，在「匯款扣款帳號」和「手續費扣款帳號」的下拉選單中選擇❶「外匯綜合存款」，接著在「受款行」下找到第一證券的約定國際匯款收款銀行❷「BMO HARRIS BANK」，並點選「交易處理」下的❸「一般匯款」。

接著在❶備註欄（1）第1格輸入「Further Credit to：」、第2格輸入「account name：（護照英文姓名）」、❷備註欄（2）輸入「account number：（第一證券的帳戶號碼）」，點擊❸「下一步」，後面再依序操作就完成匯款。通常不到一天時間，帳戶資金就可以入帳。

由於國際匯款是非常普遍的服務，就如同國內ATM轉帳一般，只要在備註欄輸入的英文名字及帳戶號碼均正確，金額即可順利匯入券商戶頭。如果真的不小心輸入錯誤，只會退回原戶頭，損失手續費，但匯款金額並不會消失。

資料來源：第一證券、臺灣銀行網路銀行

圖解教學❷　如何將海外資金匯回台灣帳戶？

STEP 1

如要從美國券商匯回資金至台灣帳戶，只要上券商網站填寫匯出款授權表格即可，由於各家銀行及券商匯款流程大致相同，以下以第一證券為例。首先，登入第一證券（https://invest.firstrade.com）帳戶，接著點選❶「客戶服務」、❷「表格中心」和❸「匯出款授權表格-國際」，下載表格開始填寫。由於表格中文化得非常徹底，照項目回答即可。照表填寫後，以Email、傳真或郵寄方式寄至第一證券，大約2個工作天時間，就可以拿回美國券商資金。

資料來源：第一證券

搞懂4大稅負
不怕投資獲利被侵蝕

1-4

看完美股投資管道及匯率之後，接著再來看投資人最關心的稅務問題。會閱讀本書的讀者，大多應該是以外國人（Non Resident Alien）的身分來投資美股，所謂外國人是指非美國永久居民和公民，可分為「居住外國人」和「非居住外國人」兩種（詳見表1）。

其中居住外國人是指目前並非居住在美國，但今年居住在美國 31 天以上，且去年在美國天數的 1/3、前年在美國天數的 1/6，合計在美國居住超過 183 天者。原則上，居住外國人就視同美國稅務居民，在稅務上與持有綠卡者、已歸化美國國籍者及一般美國納稅人完全相同。

而非居住外國人是指前述規定以外的外國人，由於大多數台灣投資人都屬於此種類型，故後文所提到的外國人都是指非居住外國人。

身為外國投資人，會涉及到的稅主要有資本利得稅、配息稅、遺產稅和海外所

表1 美國國税局將外國人分為居住與非居住兩類
——居住外國人vs.非居住外國人

類別	定義	税務條件
居住外國人	目前並非居住在美國,但今年居住在美國31天以上,且去年在美國天數的1/3、前年在美國天數的1/6,合計在美國居住超過183天者	與持有綠卡者、已歸化美國國籍者及一般美國納税人完全相同
非居住外國人	不符合居住外國人定義的外國人	具有税務優惠

資料來源:美國國税局(Internal Revenue Service,IRS)

得税4大類,前3者是美國政府會徵收的税負,而海外所得税是要繳納給台灣政府,一一説明如下:

資本利得税》外國投資人不需繳交

投資人在開始投資美股前,都會填寫「W-8BEN」表格,這張表格代表投資人是以外國人的身分投資美股,適用外國人的税務規定。

相比一般美國納税人要繳納資本利得税,外國人買賣金融商品是不需要繳納任何資本利得税的,也就是買賣價差完全免税。

配息稅》股利稅率 30%，採先扣再領制度

美國政府針對股票及債券的配息給予不同的稅率，分別說明如下：

1.股票

美國政府會對美國上市公司發出的股利徵收 30% 股利稅率，而且該稅率會依照與不同國家的稅務協定有所調整，例如中國股利稅率 10%、加拿大股利稅率 15%、日本股利稅率 10% 等。由於台灣並沒有和美國簽署相關稅務協定，所以股利稅率就是 30%。

海外券商在發放股利給股東時，會直接替投資人扣除該筆稅費，投資人無須再另外申報。例如，投資蘋果（Apple，美股代號 AAPL）股票原本可以領取股利 100 美元，但因為美國政府會先課 30% 股利稅，因此，投資人實際拿到的只有 70 美元。

如果投資人投資的是非美國公司，就不一定是扣繳 30% 稅率，依國家不同而有相應稅率，例如加拿大 25%、中國 10%、而英國、香港和新加坡為 0% 等。

我認為滿多朋友因為美國公司股利課稅 30%，而放棄投資美股是相當可惜的事，因為投資台股並沒有比較便宜，像是股利所得只要單筆超過 2 萬元就必須繳

表
2
台股股利所得若採分開計稅，稅率為28%
—— 台灣股利所得二擇一稅制

股利所得計稅方式	定義	適用對象
合併計稅	1.股利所得併入綜合所得總額課稅 2.按股利所得之8.5%計算，可抵減稅額，金額以8萬元為限 3.全年股利所得低於94萬1,176元者，可全額享有抵減稅額 4.當年度可抵減稅額高於應納稅額，可退稅	累進稅率較低（5%、12%或20%）的小資族或一般小額投資人
分開計稅	股利所得按照28%稅率分開計算稅額，再與其他類別所得計算之應納稅額合併報繳	累進稅率較高（30%或40%）之高所得者或大股東

資料來源：財政部台北國稅局

交 1.91% 二代健保補充保險費，且台灣自 2018 年起採二擇一申報方式，須將股利併入綜合所得稅或採單一稅率 28% 申報（詳見表 2）。兩國最大的差別其實是美股先扣稅再領股利，台股是先領股利再扣稅，但最後實際放入口袋的差距其實有限！

　　而且，美股要節稅的方式很多種，相比台股殖利率平均約 4%，美股平均殖利率只有 2%，實際扣除的稅額會更少，許多公司為了避免發放現金股利被扣稅，會改以實施庫藏股替代，從而使股價增加上漲動能，以另一種方式回饋投資人。

　　即使是比較喜歡領取股利為主的投資人，也可以用公司債利息來代替股利，美國債券利息收入不僅不用課稅，更比股利穩定許多，非常適合喜歡打造穩定現金流的投資人。

2.債券

　　若投資人是直接持有美國的債券，不管是美國國債、地方政府債或一般公司債，都不用繳納配息稅。

　　由於美國政府不對外國投資人的買賣價差及債券利息收入課稅，所以只要利用成長股及公司債的組合，就可以在最大程度上節省繳納稅金，既賺價差又賺現金流，而且可以開心放入口袋。

　　因此，我的投資組合偏好以普通股及公司債為主，股票盡量買配息少、高成長的，公司債就盡量買信用狀況良好，到期應可依約還款的，如此既可賺價差又能賺現金流，我認為這是效率相對高的投資組合。

遺產稅》免稅額 6 萬美元，超過部分稅率最高 35%

　　若投資人不幸發生意外就可能面臨遺產稅課徵問題。目前美國國稅局規定，非居住外國人在美國遺產免稅額 6 萬美元（約合新台幣 180 萬元），超過部分採累

進稅率約 15% ～ 35% 不等。

　　須繳納美國遺產稅的投資商品，包括美國公司發行的股票、美國註冊的共同基金，但非美國公司發行的股票、非美國註冊的共同基金以及不論是否由美國政府或公司發行的債券，則不需繳納美國遺產稅。所以投資人若想避免遺產稅的課徵，可以適度提高債券比重，就可以減少繳納的金額。

　　但比起「繳納遺產稅的多寡」，更重要的是「遺產處理程序」，依美國嘉信理財（Charles Schwab）提供之「非美國人士之美國稅務及遺產說明書」所載，若投資人去世時，帳戶資產之處置將視帳戶類型而有不同。

　　若帳戶為聯名帳戶（即與他人共同持有之帳戶），其所有權將自動轉讓給在世的共同持有人。若帳戶為個人帳戶，則繼承人必須聯繫美國律師協助處理相關遺產程序，並等待美國國家稅務局完成遺產稅查核，並核發「轉讓證書」後，繼承人才可合法繼承帳戶資產。

　　不論聯名帳戶或個人帳戶都要繳納遺產稅，但聯名帳戶不需經過麻煩的遺產處理程序，共同持有人就可以直接繼承遺產。因此可以先開設美國券商聯名帳戶，如此當投資人發生意外時，共同持有人就可以直接繼承帳戶。另外，也可以考慮將資產分散到複委託，如此一來，若投資人不幸身故時，繼承人也可請複委託券

表3	投資美股，須繳交配息稅、遺產稅予美國政府 ——非居住外國人投資美股應繳稅負		

稅負		繳交對象	稅率
資本利得稅		美國政府	免繳
配息稅	股票	美國政府	投資美國公司：30% 投資非美國公司：依國家不同而有相應稅率
	債券	美國政府	免繳
遺產稅		美國政府	免稅額6萬美元（約合新台幣180萬元），超過部分採累進稅率約15%～35%不等
海外所得稅		台灣政府	全年申報戶海外所得達新台幣100萬元就應依規定申報，但基本所得≦新台幣670萬元者免稅，超過670萬元者才依20%稅率計算稅額

註：基本所得＝海外所得＋綜合所得淨額＋特定保險給付＋私募基金交易所得＋非現金捐贈金額
資料來源：美國國稅局、《所得稅法》、《所得基本稅額條例》

商協助處理相關稅務程序，程序也會簡便許多。

海外所得稅》海外所得逾新台幣 100 萬元須申報

　　如是以台灣人身分投資，依目前台灣《所得稅法》、《所得基本稅額條例》等規定，若全年申報戶海外所得達新台幣 100 萬元就應依規定申報，但基本所得小於等於新台幣 670 萬元者免稅，超過 670 萬元者才依 20% 稅率計算稅額。基本所得的公式如下：

基本所得＝海外所得＋綜合所得淨額＋特定保險給付＋私募基金交易所得＋非現金捐贈金額

對於美股投資人來說，其中「海外所得」指的是投資美股所得，「綜合所得淨額」對大數人來說，指的就是每年辛苦上班要申報的薪水，至於其餘 3 項發生機會相對不高，可忽略。

舉個例子來看，假設 A 君 2018 年海外所得 580 萬元，綜合所得淨額 100 萬元，可算出全年基本所得 680 萬元（580 萬＋ 100 萬），扣除 670 萬元免稅額後，就超出的 10 萬元課徵 20% 稅負。

將投資美股與投資台股相比，目前投資台股首先要繳納 0.3% 的證交稅，單次領取股利達 2 萬元須課徵 1.91% 二代健保補充保險費，股利所得再併入綜合所得稅或採單一稅率 28% 申報。而投資美股稅務相當單純，除了遺產稅應事先規畫外，賺價差不用課稅，債券配息不用課稅，海外所得稅課徵門檻也非常高，大多數時刻是不用煩惱稅務問題的。

第 **2** 章

開始投資》
搞懂交易全規則

2-1 跟隨股神腳步投資 有效提高獲利機率

　　第 1 章有提到，投資美股的好處之一，是可以請股神華倫‧巴菲特（Warren Buffett）操盤，或是跟著他操作。

　　巴菲特被公認是世界上最優秀的投資人，過去 50 年年化報酬率高達約 20%，能維持如此長期且優異的成績，自古無人能出其右。由於巴菲特歷年持股大多均有完整紀錄，使得投資人有機會可以深入分析巴菲特投資案例，來了解背後投資邏輯，從中學習巴菲特投資心法。

選股條件》40 多年來堅守 4 條件，挑出便宜好公司

　　例如在 1978 年公布的「致股東信」中，巴菲特就曾清楚說明選股的 4 個條件，直到現在 40 多年過去了，巴菲特仍然堅守這 4 個條件：

　　1. 我們了解的產業（one that we can understand）。

2. 具有長期競爭力（with favorable long-term prospects）。

3. 經營者的誠實與能力兼備（operated by honest and competent people）。

4. 吸引人的價格（available at a very attractive price）。

而巴菲特在該封信中也提及，符合前 3 項條件的很多，但符合第 4 項的很少，也就是說好公司很多，但好價格不多，所以投資人最需要培養的就是「耐心」。

我們可以依照巴菲特的選股 4 條件找出很多好公司，例如臉書（Facebook，美股代號 FB）、Google（母公司 Alphabet 的美股代號 GOOGL）、亞馬遜（Amazon，美股代號 AMZN）、好市多（Costco，美股代號 COST）等等，可是這些大家都知道的好公司，大多數時候都不會很「便宜」，必須要相當有耐心去等待才行。加上美國上市公司高達 7,600 多家，很難有時間一家一家研究。

但別擔心，投資美股有一個簡單有效的方法，那就是直接觀察巴菲特經營的波克夏海瑟威（Berkshire Hathaway）近期持股，或者也可以觀察巴菲特的個人持股（查詢方式詳見 6-1）。

我們從波克夏海瑟威 2019 年第 1 季的持股可以看出，波克夏海瑟威的投資組合規模相當大，價值 1,995 億美元（截至 2019 年 3 月 31 日），但持股仍然相對集中，總共只有 48 檔股票，可以說這 48 家公司就是巴菲特從好幾千家公司中

精挑細選的投資機會。其中蘋果（Apple，美股代號 AAPL）占整體投資組合比重達 23.77%，是最大持股（詳見表 1）。

投資名單》近年大舉買進蘋果，成為最大持股

巴菲特曾經表示，會決定投資蘋果股票是因為他發現，孫子們在聚會時總是顧著滑 iPhone 手機，卻不願與他聊天，只有當他帶孫子們去買冰淇淋時才可以小聊幾句。可能被孫子冷落的感覺不太好，也因此讓巴菲特去深入研究蘋果這家公司。他才發現，原來許多人對 iPhone 都有不可思議的忠誠度，而且很難有其他消費產品可以取代，對蘋果來說，是非常強的競爭優勢。

另外，巴菲特也曾提及蘋果除 iPhone 外，旗下服務事業如 Apple Store、iCloud 與 Apple Music 也都持續快速成長，如此完整的生態系可使蘋果長期牢牢黏住用戶，也因此，巴菲特曾說，iPhone 每季賣多少並不是重點，只要蘋果完整的生態系可以持續，就可以期待未來持續成長。

在管理階層上，巴菲特也多次對蘋果執行長（CEO）提姆・庫克（Timothy Cook）的表現表示讚賞，認為蘋果公司擁有很優秀的經營團隊。

從上述可以看出，蘋果在巴菲特心中是非常優秀的公司，也符合巴菲特篩選好

表 1	截至2019年Q1，蘋果占波克夏海瑟威持股23.77%		
——波克夏海瑟威2019年第1季前5大持股			

公司名稱	英文名	股票代號	持股比重（％）
蘋　果	Apple	AAPL	23.77
美國銀行	Bank of America	BAC	12.39
富國銀行	Wells Fargo	WFC	9.93
可口可樂	Coca-Cola	KO	9.40
美國運通	American Express	AXP	8.31

資料來源：DATAROMA

公司的前 3 個條件，巴菲特本身熟悉蘋果商業模式，而且蘋果具有長期競爭力、經營者的誠實與能力兼備。然而，巴菲特之所以如此成功，更重要的是願意耐心等待好價格，也就是最重要的第 4 個條件。

巴菲特首次透過波克夏海瑟威投資蘋果是在 2016 年第 1 季，當時蘋果的股價約在 108.99 美元，本益比僅 10 倍左右，是蘋果股價過去幾年的難得低點，巴菲特也因此掌握機會大舉投資。此後，隨著公司內在價值上升，巴菲特沿路加碼，僅在 2018 年第 4 季略微減碼 1.14 個百分點（詳見表 2），不過，巴菲特本人曾經表示，此次減碼是由旗下的經理人所賣出，自己持有的蘋果股票仍然是一股

未賣。

截至 2019 年第 1 季，蘋果占波克夏海瑟威總持股的 23.77%。現在（2019年 5 月 29 日）蘋果股價已經來到 177.38 美元，若以波克夏海瑟威 2016年第 1 季報告價格 108.99 美元來看，獲利 63%（（177.38 － 108.99）÷108.99×100%），成功創造優異的報酬。

雖然我們很難像巴菲特一樣有如此驚人的商業洞察力，但我們可以透過觀察分析巴菲特實際買賣的股票，推敲背後的買賣邏輯來從中學習巴菲特的智慧，也培養自己的投資功力。

留意風險》培養獨立思考能力，不盲目跟單

不過需要特別提醒的是，跟著巴菲特買賣並不是穩賺不賠，例如 2011 年巴菲特大舉投資 IBM 最終就以賠錢收場。

另外要注意的是，巴菲特在股票選擇上也有所限制。因為美國證券交易委員會（SEC）規定，投資人若持有公司股份 5% 以上，就必須在 45 天內申報；若持有公司股份 10% 以上即屬內部投資人，不論增加或減少持股都要在 2 天內即時申報。因此，除非相當看好公司，或有特別目標如爭取董事席次等，不然大多數情況下，

表2 2016年Q1波克夏海瑟威買進蘋果以來，幾乎年年增持
——2016年～2019年第1季波克夏海瑟威的蘋果持股變動

時間		狀態	股數變動（股）	總股數（股）	占投資組合比率（%）	報告價格*（美元）
2016年	第1季	買進	9,811,747	9,811,747	0.83	108.99
	第2季	增加	5,145,955	15,227,702	1.12	95.60
	第3季	不變	0	15,227,702	1.34	113.05
	第4季	增加	42,131,950	57,359,652	4.49	115.82
2017年	第1季	增加	71,997,454	129,357,106	11.48	143.66
	第2季	增加	834,854	130,191,960	11.56	144.02
	第3季	增加	3,900,822	134,092,782	11.63	154.12
	第4季	增加	31,241,180	165,333,962	14.63	169.23
2018年	第1季	增加	74,233,671	239,567,633	21.27	167.78
	第2季	增加	1,238,824	251,955,877	23.84	185.11
	第3季	增加	522,902	252,478,779	25.79	225.74
	第4季	減少	2,889,450	249,589,329	21.51	157.74
2019年	第1季	不變	0	249,589,329	23.77	189.95

註：資料查詢時間至 2019.05.29；* 報告價格是波克夏海瑟威公布投資組合時，每季最後交易日的證券價格，並非實際買進價格，採四捨五入法
資料來源：DATAROMA

投資經理人都會選擇避開 10% 的限制。

　　以巴菲特來說，由於波克夏海瑟威的投資組合高達 1,995 億美元，但其手中僅持有 48 檔股票，平均一檔股票大約投資 42 億美元左右，等於上市公司的市值要

420 億美元以上，才能讓巴菲特避開 10% 以上的持股限制。換句話說，只有市值超過 420 億美元的大型股，才會是巴菲特的鎖定範圍。

因此，除非你是完全複製巴菲特的投資組合，否則在選擇股票的時候需要留意，如果是市值比較小的公司，就只能自己做研究，而如果是市值比較大的公司，卻發現巴菲特沒買，那可能要再深入思考是什麼原因導致巴菲特不買，可能是巴菲特認為有更好的投資機會，也或許是巴菲特不熟悉這家公司，又或者是巴菲特還在等待好價格等。

投資最重要的成功關鍵就是要擁有獨立思考的能力，雖然參考巴菲特投資組合，可以減少許多研究時間，但還是要去深入研究一家公司，不然盲目跟單也很難抱住股票。

巴菲特曾經說過，他每天都會閱讀 500 頁財務報表，連股神都如此用功，一般人更要努力付出，才有機會獲得超額報酬。不論做任何事情，想成功都必須要很努力，才能看起來毫不費力，因為這個世上，沒有奇蹟，只有累積！

掌握5交易重點
小額資金就能每月領股利

了解華倫・巴菲特（Warren Buffett）的投資組合之後，下面就來說明美股的交易制度。美國資本市場歷史發展超過百年，各項監管機制都相當成熟，也有許多與台股市場不相同的地方，以下介紹 5 個投資美股一定要知道的重點，只要熟知並且善用這些制度，就可以像巴菲特一樣，每月領股利。

重點 1》美股交易時間為台灣時間的晚上

由於時差因素，美國股市會在台灣時間的晚上開始交易，夏令時間為台灣的晚上 9 點半到隔日凌晨 4 點，冬令時間為台灣的晚上 10 點半到隔日凌晨 5 點。其中，夏令時間為每年 3 月的第 2 個星期日凌晨 2 點開始，至 11 月的第 1 個星期日凌晨 2 點結束；冬令時間為每年 11 月的第 1 個星期日凌晨 2 點開始，至次年 3 月的第 2 個星期日凌晨 2 點結束（詳見表 1）。

雖然美股市場是在台灣人晚上睡覺時開盤，但幾乎所有海外券商都支援 90 天

或 180 天有效的 GTC（Good Till Cancel，取消前有效）訂單。所謂 GTC 訂單，代表訂單會一直掛單在交易所裡，直到訂單成交完成。因此，投資人只要事先設定好價格掛好 GTC 單，就可以高枕無憂，無須費心盯盤。

除了以上正常交易時段之外，美股也允許盤前和盤後交易，而各家券商盤前、盤後的交易時間略有不同，以第一證券（Firstrade）為例，美股夏令時間的開盤時段為晚上 9 點半到隔日凌晨 4 點（台灣時間）。而盤前交易時間為晚上 8 點到晚上 9 點 25 分（台灣時間），盤後交易時間則為凌晨 4 點 5 分至早上 8 點（台灣時間）。

但通常盤前、盤後交易的成交量和流動性都不高，所以我從未在盤前和盤後交易，都是在盤中下限價單或事先下好 GTC 訂單等待成交。

重點 2》盤前、中、後皆以 1 股為單位交易

與台股僅支援盤後零股交易不同，美股不論盤前、盤中、盤後交易均是以 1 股為單位，因此入手門檻相對台股低。

此外，就分散風險的角度而言，由於台股零股交易流通性並不高，交易主要以「張數」為單位（1 張為 1,000 股），因此，若購買高股價的股票，資金門檻就

表1 美股交易時間分為夏令與冬令2種
── 美股交易時間

項目	說明	美股交易時間（台灣時間）
夏令時間	每年3月的第2個星期日02：00～11月的第1個星期日02：00	21：30～04：00
冬令時間	每年11月的第1個星期日02：00～次年3月的第2個星期日02：00	22：30～05：00

資料來源：維基百科

相當驚人。以股王大立光（3008）來說，2019年5月29日收盤價為3,615元，等於購買一張就要花費361萬5,000元（3,615×1,000），多數投資人根本無力負擔。若投資人想要透過買進多檔股票以減少單一個股經營風險，需要非常多的資金。

而美股交易就不一樣了，它沒有所謂「張數」的概念，均是以1股為單位，流通性也非常高。

例如，2019年5月29日，波克夏海瑟威B股（美股代號BRK.B）的收盤價198.52美元，這表示只要花新台幣5,956元（198.52×30）就能成為波克夏海瑟威的股東，請巴菲特幫你操盤。由於美股資金門檻低，使得投資人在資產配置上具有相當彈性，可以輕易滿足投資人分散投資風險的需求。

重點 3》漲跌幅無限制，較不會出現連續跌停鎖死

台股漲跌幅以 10% 為限，而美股漲跌幅則沒有任何限制，我就曾經遇過不少手中股票一夕暴漲超過 10% 的經驗，最令人開心的例子莫過於我曾經投資印刷公司 Cimpress N.V. 的股票（美股代號 CMPR），它在 2018 年 1 月 31 日盤後公布 2018 財務年度第 2 季財報（統計時間為 2017 年 10 月 1 日至 2017 年 12 月 31 日）後，因為財報大幅優於市場預期，盤後股價從 1 月 31 日收盤價 127.41 美元，大漲至 2 月 1 日的盤中高點 155.08 美元，漲幅 21.7%（（155.08 － 127.41）÷127.41×100%，詳見圖 1）。

但也有手中股票一夕暴跌超過 20% 的例子，例如我投資臉書（Facebook，美股代號 FB）的股票，就在 2018 年 7 月 26 日盤後公布 2018 財務年度第 2 季財報（統計時間為 2018 年 4 月 1 日至 2018 年 6 月 30 日）後，因為財報不如市場預期，盤後股價從 7 月 25 日收盤價 217.5 美元，跌至 7 月 26 日的盤中低點 173.75 美元，重挫超過 20.1%（（173.75 － 217.5）÷217.5×100%，詳見圖 2）。

資產一夕蒸發超過 20%，心情雖然會相當差，不過因為我持股相當分散，平均會至少持有 20 檔公司債及 20 檔股票，所以臉書股票占整體總資產比重不到 3%，即使臉書股價一夕跌幅超過 20%，對整體資產影響程度也不超過 1%。

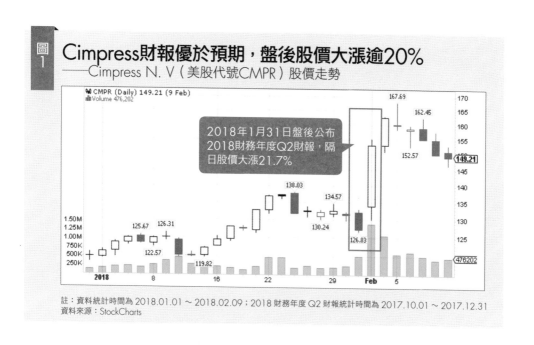

圖 1

Cimpress財報優於預期，盤後股價大漲逾20%
—— Cimpress N. V（美股代號CMPR）股價走勢

2018年1月31日盤後公布 2018財務年度Q2財報，隔 日股價大漲21.7%

註：資料統計時間為 2018.01.01 ～ 2018.02.09；2018 財務年度 Q2 財報統計時間為 2017.10.01 ～ 2017.12.31
資料來源：StockCharts

　　臉書只是其中一個例子，美國個股波動通常相當劇烈，只要公司發生重大事件，當日股價經常會有劇烈反應，雖然沒有任何神奇的指標可以預測大漲或大跌，但只要透過「分散投資」，就可以將風險降到最低。

　　其實，雖然台灣股市有漲跌幅的限制，乍看可以保護投資人，但是，並不代表投資人的資產就可以獲得保護。如果一家公司因為發生了重大利空，股價必須大跌時，受到台股漲跌幅限制的影響，反而會分很多天持續跌停，引起投資人更大恐慌。

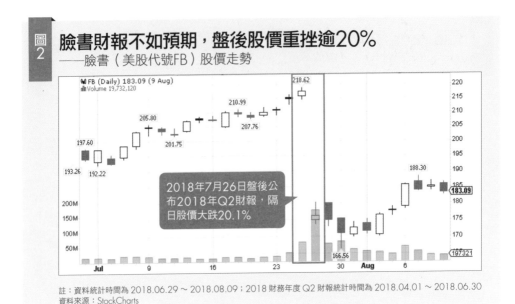

圖2　臉書財報不如預期，盤後股價重挫逾20%
——臉書（美股代號FB）股價走勢

2018年7月26日盤後公布2018年Q2財報，隔日股價大跌20.1%

註：資料統計時間為 2018.06.29 ~ 2018.08.09；2018 財務年度 Q2 財報統計時間為 2018.04.01 ~ 2018.06.30
資料來源：StockCharts

　　例如 2014 年，生物科技公司基亞（3176）主要研發的肝癌新藥期中分析（期中分析又稱期間分析，是指在正式完成臨床試驗前，針對新開發的藥品按事先制定的分析計畫，來確認其療效和安全性）結果未過關，消息傳出後，除了 2014 年 8 月 12 日股價有小幅變動以外，約莫連吞了 18 根跌停板，股價更從 2014 年 7 月 25 日盤中高點 479 元，跌到 2014 年 8 月 22 日盤中低點 105.5 元，跌幅約 78%（詳見圖 3）。

　　若相同事件發生在美股市場，由於沒有任何漲跌幅限制，通常只要 1 天就可以

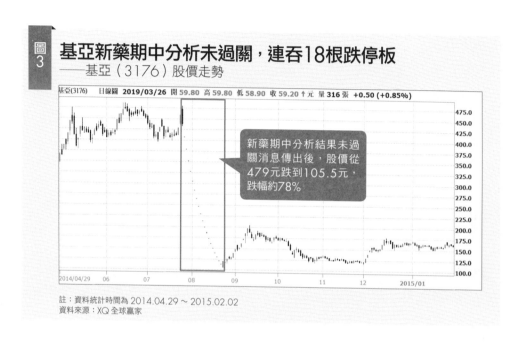

圖3 基亞新藥期中分析未過關,連吞18根跌停板
—— 基亞(3176)股價走勢

新藥期中分析結果未過關消息傳出後,股價從479元跌到105.5元,跌幅約78%

註:資料統計時間為 2014.04.29 ~ 2015.02.02
資料來源:XQ全球贏家

反映利空,而不會出現連續跌停鎖死,想賣的人賣不掉,最後大家集體恐慌全力賣的情況。

重點 4》分割及合併股票後,總持股價值不變

投資美股常會遇到上市公司分割或合併股票的情形,常常會有一覺醒來股價暴漲或暴跌的錯覺,但實際上總持股價值沒有任何改變,僅是股數增減的影響,以下說明分割股票及合併股票的差別:

1. 分割股票

　　分割股票就是將股票進行切割，讓股數增多，股價降低，但是股東持有股票的總價值不變。分割股票有利於降低投資門檻，吸引更多投資人，增加交易量和流動性。

　　例如巴菲特最喜歡喝的可口可樂（Coca-Cola，美股代號 KO），在歷史上就多次分割股票，最近一次是在 2012 年 8 月 13 日，將 1 股分割為 2 股（詳見表 2）。

　　如果投資人在 2012 年 8 月 13 日當天擁有 1,000 股可口可樂的股票，則當可口可樂股票 1 股分割為 2 股後，原有的 1,000 股股票就會變為 2,000 股（1,000×（2÷1））。

　　假設 1 股可口可樂股票本來價格是 40 美元，那麼分割股票後，股票價格會變成 20 美元（40×（1÷2））。

　　分割股票過程中，持有股票的總價值不會有任何改變。在股票分割前的價值是 4 萬美元（40×1,000），分割股票後總價值還是 4 萬美元（20×2,000）。

2. 合併股票

　　合併股票則是分割股票的相反，即由多股合併為 1 股。在合併股票過程中，股

表2　自1977年起，可口可樂多次分割股票
—— 可口可樂（美股代號KO）歷年股票分割表

分割日	分割比例
1977.06.01	2：1
1986.07.01	3：1
1990.05.14	2：1
1992.05.12	2：1
1996.05.13	2：1
2012.08.13	2：1

資料來源：Morningstar

數減少，股價增加，但股東持有股票的總價值不變。

　　通常合併股票會發生在公司股價低於 10 美元的情況下，這類公司經常被視為雞蛋水餃股，也就是股價和雞蛋、水餃的價格差不多。

　　股價低通常代表公司營運情況不太好，甚至有退場下市的風險。所以有些公司為了避免淪落為雞蛋水餃股，就會進行合併股票來提升股價，但實際上持有股票的總價值不會有任何改變，公司獲利狀況也沒發生任何變化。

　　例如花旗集團（Citigroup Inc，美股代號 C）就曾在 2011 年 5 月 9 日，將

表3	**2011年5月9日，花旗集團將10股合併為1股**──花旗集團（美股代號C）歷年股票分割及合併		
分割／合併日	**分割／合併**		**比例**
1993.03.01	分割		3：2
1993.08.30	分割		4：3
1996.05.28	分割		3：2
1996.11.25	分割		4：3
1997.11.20	分割		3：2
1999.06.01	分割		3：2
2000.08.28	分割		4：3
2011.05.09	合併		1：10

資料來源：Morningstar

10 股合併為 1 股（詳見表 3）。

如果投資人在 2011 年 5 月 9 日當天擁有 1,000 股花旗集團的股票，則當花旗集團股票 10 股合併為 1 股後，原有的 1,000 股股票就會變為 100 股（1,000×（1÷10））。

假設 1 股花旗集團股票本來價格是 5 美元，那麼合併股票後，股票價格變成50 美元（5×（10÷1））。

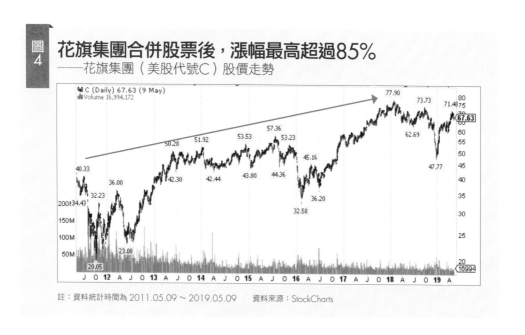

圖4 花旗集團合併股票後，漲幅最高超過85%
—— 花旗集團（美股代號C）股價走勢

註：資料統計時間為 2011.05.09 ～ 2019.05.09　　資料來源：StockCharts

合併股票過程中，持有股票的總價值不會有任何改變。在股票合併前的價值是 5,000 美元（5×1,000）。合併股票後總價值還是 5,000 美元（50×100）。

花旗集團自從 2011 年 5 月 9 日合併股票後，自股票合併日的 42.04 美元上漲至 2018 年 1 月 29 日最高達 77.9 美元，漲幅超過 85%，股價表現還算不錯，成功擺脫雞蛋水餃股命運（詳見圖 4）。

不過一定要記得，合併股票的目的是為了提振股價，避免被市場認定為雞蛋水

餃股甚至退場下市，但實際上公司獲利狀況沒有任何變化，股價漲幅仍然取決於未來獲利狀況，這是投資人務必要小心的地方。

重點 5》美股每季都會配息，1 年共可領 4 次

與台股目前是一年發放 1 次股利不同，美國公司是按季配息，也就是一年會發 4 次股利。如果上市公司有賺錢，大多數公司每季都會將利潤分給股東。美股配息都是現金股利，沒有股票股利，並且會在支付日那天存入帳戶，因此，若想領取股利就一定要記得這 4 個重要的日子：

1.宣布日（Declaration Date）

公司會在這天宣布這季要發放多少現金股利，同時也會公布除息日以及支付日。

2.除息日（Ex-Dividend Date）

如果想要領取股利，一定要在除息日之前持有該股票，除息日當天或之後買入股票都無法領取股利。但如果是在除息日之前買進股票，除息日以後立刻賣出股票，還是可以領取股利。

3.登記日（Record Date）

登記日是公司記錄除息日那天持有公司股票股東名單的日子。如果想領取股利，

名字就必須出現在公司的股東名冊上，所以想要領取股利，一定要在除息日之前持有該股票。

4.支付日（Payment Date）

支付日是股東最開心的日子，也就是股利正式入帳的日子。

上述這 4 個日子可以使用 Nasdaq 網站查詢，以可口可樂為例，只要輸入網址 www.nasdaq.com/zh/symbol/ko/dividend-history，就可以找到可口可樂配息資訊。如要查詢其他股票，只要將網址內的「ko」改為其他美股代號即可。

根據 Nasdaq 網站資料，可口可樂在 2019 年 4 月 25 日宣布配息，每股可以獲得現金股利 0.4 美元，除息日為 2019 年 6 月 13 日，登記日為 2019 年 6 月 14 日，支付日為 2019 年 7 月 1 日（詳見表 4）。

這表示想要領取 0.4 美元現金股利的投資人，最慢必須在 2019 年 6 月 13 日以前買進可口可樂的股票，這樣才會出現在 6 月 14 日的股東名冊上，如此一來，7 月 1 日才能領取可口可樂公司發放的現金股利。

值得一提的是，與台股除權息旺季集中在 7、8 月不同，美國發放股利的日期並不會集中在特定月份，換言之，如果可以分散持有不同家公司的話，就有機會

表 4	2019年4月，可口可樂甫宣布將發放0.4美元股利				
	——可口可樂（美股代號KO）發放股利相關日期				
股利類型	股利金額（美元）	宣布日	除息日	登記日	支付日
現金	0.39	2018.07.19	2018.09.13	2018.09.14	2018.10.01
現金	0.39	2018.10.18	2018.11.29	2018.11.30	2018.12.14
現金	0.40	2019.02.21	2019.03.14	2019.03.15	2019.04.01
現金	0.40	2019.04.25	2019.06.13	2019.06.14	2019.07.01

資料來源：Nasdaq 網站

「每月」領股利。

　　以巴菲特前 7 大持股為例，截至 2019 年 3 月 31 日止，巴菲特最大持股為蘋果（Apple，美股代號 AAPL），第 5 大持股為美國運通（American Express，美股代號 AXP），這 2 家公司在每年的 2、5、8、11 月發放股利。

　　第 2 大持股美國銀行（Bank of America，美股代號 BAC）、第 3 大持股富國銀行（Wells Fargo，美股代號 WFC）和第 6 大持股卡夫食品（Kraft Heinz Co.，美股代號 KHC），這 3 家公司在每年的 3、6、9、12 月發放股利。

　　第 4 大持股為可口可樂，在每年的 4、7、10、12 月發放股利。

表5 投資巴菲特前7大持股,每月皆能領股利
——巴菲特前7大持股股利發放月份

股票名稱	美股代號	占整體投資比重（％）	股數（萬股）	報告價格（美元）	價值（億美元）	股利發放月份（月）
蘋　　果	AAPL	23.77	24,959	189.95	474	2、5、8、11
美國銀行	BAC	12.39	89,617	27.59	247	3、6、9、12
富國銀行	WFC	9.93	40,980	48.32	198	3、6、9、12
可口可樂	KO	9.40	40,000	46.86	187	4、7、10、12
美國運通	AXP	8.31	15,161	109.30	166	2、5、8、11
卡夫食品	KHC	5.33	32,563	32.65	106	3、6、9、12
美國合眾銀行	USB	3.12	12,931	48.19	62	1、4、7、10

註：報告價格是投資組合日期的證券價格；數值為 2019 年 3 月底之數據，採四捨五入法　　　資料來源：DATAROMA

第7名為美國合眾銀行（U.S. Bancorp，美股代號 USB），在每年的1、4、7、10月發放股利。

有沒有發現，巴菲特只要投資這7家公司，他就可以「每月」領股利了（詳見表5）！

知道上述投資美股的制度後，一定可以幫助你更迅速熟悉美股市場。雖然美股

的開盤時間都在台灣晚上，但是我從不熬夜看盤，都是在盤中下限價單或事先下好 GTC 訂單，白天反而可以更認真工作。而且，由於美股都是零股交易，資金門檻也非常低，用很少的資金就可以每月領股利，所以，現在就準備啟航去美股市場吧！

看懂常見報表
股價上漲題材不漏接

2-3

　　接著來看美股上市公司常見的申報文件。相信對台股有一些投資經驗的人，對公開資訊觀測站（mops.twse.com.tw）一定不陌生，上市櫃公司會在這網站上傳許多重大資訊以及年報、季報。而美國證券交易委員會（SEC，www.sec.gov）就是類似台灣公開資訊觀測站的網站，裡頭涵蓋許多公司重大資訊，隨公布資訊不同會適用不同報表。以下是常見報表代號整理，查詢方式請參照 6-1。

8-K》重大事件報告

　　8-K 是最常見的報表，只要公司發生重大事件時就會使用。例如最新盈餘公告、收購邀約、債務回購等。

10-Q、6-K》美國公司季報、非美國公司季報

　　10-Q 相當於美國公司的季報，必須在每個財務季度後 35 天內公布，文件內會

敍明公司過去一季最新的營運成果。若是非美國註冊公司，但在美國上市者，則會以 6-K 申報。

10-K、20-F》美國公司年報、非美國公司年報

10-K 相當於美國公司的年報，必須在結束財務年度後 90 天內公布，文件內會敍明公司過去一年最新的營運成果。內容包含業務描述、管理階層討論分析、財務報表、未償還債務等，資料深入而詳盡，是投資人必讀的基本功課（詳見 2-4）。若是非美國註冊公司，但在美國上市者，則會以 20-F 申報。

SC 13G、SC 13G ／ A》股權變動書、股權變動書補充文件

當外部投資人持有公司股份首次超過 5% 時，就應申報 SC 13G 文件。例如巴菲特就曾在 2015 年 12 月 10 日申報此文件，當時巴菲特以個人帳戶購買 200 萬股 Seritage Growth Properties（美股代號 SRG），因首次持有股份超過 5%，而須申報此文件。而 SC 13G ／ A 為補充文件，即經過首次公告後，若又有增持或減持情況時則須提交此文件，直到 2019 年 5 月，巴菲特並未申報有增持或減持的情形。

利用追蹤此文件的方式，就可以看見巴菲特在投資什麼股票，例如圖 1 第 1 個

圖1 巴菲特申報買進後，SRG股價大幅飆升
——Seritage Growth Properties（美股代號SRG）股價走勢圖

2018年3月股價再度
回落至巴菲特買點，是
千載難逢進場機會

巴菲特首次申報購買SRG時間

股價：美元

60
55
50
45
40
35
30

2016　　2017　　2018

註：資料統計時間為 2015.10.05～2018.09.04　　資料來源：Yahoo! Finance

紅圈即為巴菲特首次申報購買 200 萬股 SRG 的時間，可看出當時平均購買價大約 35 美元。而巴菲特依規定向 SEC 申報 SC 13G 文件之後，各大新聞媒體自然大幅報導巴菲特入股 SRG，也因此使 SRG 股價大幅飆升，最高漲到 57.31 美元（2016 年 4 月 11 日盤中高點）。但巴菲特並沒有趁機賣出，仍然持有迄今（2019 年 5 月），可見巴菲特確實實踐長期投資的風格，也不會想趁機賺散戶抬轎的錢。

而圖 1 第 2 個紅圈處為 2018 年 3 月，SRG 股價再度跌落到 35 美元附近，若有事先做功課的投資人，就可以知道這裡是巴菲特的「買點」，是千載難逢的好機會，果然沒多久 SRG 股價就大幅上升，從 2018 年 3 月 21 日的盤中低點

表1 美國、非美國註冊公司之財報名稱不同
——美股常用報表整理

報表名稱	中文	說明
8-K	重大事件報告	公司發布重大事件使用
10-Q、6-K	美國公司季報、非美國公司季報	季報，在財務季度後35天內公布
10-K、20-F	美國公司年報、非美國公司年報	年報，在財務年度後90天內公布
SC 13G、SC 13G／A	股權變動書、股權變動書補充文件	外部投資人持有公司股份首次超過5%時須申報SC 13G，之後如果有增持或減持則須申報SC 13G／A
Form 4	內部人持股變動書	外部投資人持有公司股份超過10%時，即屬公司內部人。公司內部人不論買賣股票，均應在2天內以Form 4即時申報持股變動
13F	機構投資者的持倉情況	管理超過1億美元資產之機構投資者，必須在每季（正常季度）結束後的45天內填報

資料來源：SEC、美股夢想家

34.48 美元，大漲至同年 8 月 30 日的盤中高點 51.89 美元，僅僅 5 個月報酬率就達 50%（（51.89÷34.48 − 1）×100%）。

Form 4》內部人持股變動書

當外部投資人持有公司股份超過 10% 以上時，即屬公司內部人。公司內部人不

論買賣股票，均應在 2 天內以 Form 4 即時申報持股變動。因此，除非相當看好公司，或有特別目標如爭取董事席次等，不然大多數情況下，投資經理人都會選擇避開 10% 的限制。

13F》機構投資者的持倉情況

依美國證券交易委員會規定，管理超過 1 億美元資產之機構投資者，必須在每季（正常季度）結束後的 45 天內填報 13F 報表，揭露目前持股組合，但僅限於多頭部位，放空部位無須揭露，而巴菲特自然也必須遵守這個規定。從每季巴菲特最新的持股變化，我們可以推敲巴菲特的投資動機，找出巴菲特最青睞的股票。查詢方式詳見 6-1。

而且，美國當然不是只有巴菲特在投資股票，我們可以參考很多經理人的點子，再來設計自己的投資組合。許多網站也會以此報表為基礎，整理投資大師的持股，例如 DATAROMA（www.dataroma.com）就是其中翹楚，資料詳盡而且完全免費，投資人可以善加利用！

必讀3關鍵
快速掌握美股年報

2-4

　　我們從 13F（機構投資者的持倉情況）找出巴菲特（Warren Buffett）青睞什麼股票後，接著就是確認他投資的原因，而最先要了解的是這家公司的業務。

善用中文網站，初步了解美國公司業務

　　以巴菲特目前（2019 年 3 月底）最大持股蘋果（Apple，美股代號 AAPL）為例。我們可以在 MoneyDJ 理財網（www.moneydj.com）快速找到蘋果的相關資訊，進而簡單了解公司的業務（詳見圖解教學）。由於 MoneyDJ 理財網提供的是中文資訊，所以可以很快地挑選公司，若完全看不懂的業務就可以先跳過不研究，等找到有興趣的公司，再去看年報收集更詳細的資訊，可以節省很多研究時間。

美國公司年報分兩種，閱讀 10-K 較能節省時間

　　美國年報有分 2 種，一種叫 Annual Report，另一種叫 10-K，兩者內容大同小異，

但 Annual Report 多了很多無關營運的彩色照片，把整份報告編得非常精美，但我們關注重點還是營運成果，所以我習慣看 10-K，比較節省研究時間。

　　雖然美國上市公司的年報資料相當多，而且都是英文，但必讀的重點其實有限，以蘋果 2018 年的年報為例，總共有 72 頁，可以分成 4 部分 21 個條目（詳見圖 1）。這 4 部分依序是業務、財務狀況、公司治理及附錄，基本上公司治理及附錄稍微掃過即可，重點在前 2 部分。

　　在美股年報中，第 1 部分（Part I）最重要的是項目 1「業務描述」（Business）以及項目 2「風險因素」（Risk Factors）。通常在這兩個項目中會說明公司有哪些產品、經營策略為何，以及有哪些風險因素，因此是絕對必讀的章節，其餘部分掃過即可。

　　第 2 部分（Part II）最重要的是項目 7「管理階層對於財務狀況和經營成果的討論與分析」（Management's Discussion and Analysis of Financial Condition and Results of Operations）。公司會在這個項目中就管理階層的角度，帶投資人深入分析公司獲利狀況，說明獲利變動原因為何，也會就財務狀況詳細分析，以及說明未來展望等等，是絕對必讀的章節，其餘部分掃過即可。

　　若以蘋果 2018 年年報來看，雖然總頁數多達 72 頁，但必讀的重點其實只有

圖1　閱讀年報時，研讀公司業務、風險及管理階層分析即可
—— 蘋果2018年10-K年報目錄

Apple Inc.

Form 10-K

For the Fiscal Year Ended September 29, 2018

TABLE OF CONTENTS

第1部分以業務描述、風險因素最為重要

第2部分的項目7中，管理階層會分析並說明公司的財務狀況和經營成果

		Page
Part I		
Item 1.	Business	1
Item 1A.	Risk Factors	8
Item 1B.	Unresolved Staff Comments	17
Item 2.	Properties	18
Item 3.	Legal Proceedings	18
Item 4.	Mine Safety Disclosures	18
Part II		
Item 5.	Market for Registrant's Common Equity, Related Stockholder Matters and Issuer Purchases of Equity Securities	19
Item 6.	Selected Financial Data	21
Item 7.	Management's Discussion and Analysis of Financial Condition and Results of Operations	22
Item 7A.	Quantitative and Qualitative Disclosures About Market Risk	35
Item 8.	Financial Statements and Supplementary Data	37
Item 9.	Changes in and Disagreements with Accountants on Accounting and Financial Disclosure	67
Item 9A.	Controls and Procedures	67
Item 9B.	Other Information	67
Part III		
Item 10.	Directors, Executive Officers and Corporate Governance	68
Item 11.	Executive Compensation	68
Item 12.	Security Ownership of Certain Beneficial Owners and Management and Related Stockholder Matters	68
Item 13.	Certain Relationships and Related Transactions, and Director Independence	68
Item 14.	Principal Accounting Fees and Services	68
Part IV		
Item 15.	Exhibits, Financial Statement Schedules	69
Item 16.	Form 10-K Summary	71

資料來源：蘋果 2018 年年報

財務年度結束至2018年9月29日
目錄

3 個（業務描述、風險因素，以及管理階層對於財務狀況和經營成果的討論與分析），加起來才 31 頁，範圍其實不大，即使英文沒有很好，靠著 Google 翻譯還是可以看完年報。

投資人只要把這最關鍵的 31 頁看好、看滿，就能從果粉升級為蘋果股東，讓蘋果公司替你賺錢了。

圖解教學　如何查詢公司相關資訊？

 STEP 1 首先，登入MoneyDJ理財網首頁（www.moneydj.com），在頁面右邊選擇❶「美股」，在搜尋欄輸入公司的美股代號（此處以蘋果❷「AAPL」為例），輸入完畢後按下❸「搜尋」。

 STEP 2 接著，就能看到蘋果的❶基本資料、行情報價、評價分析等相關資料。如果投資人想了解其他公司，可以直接把網址最後面的美股代號❷「AAPL」改成想要查詢公司的美股代號即可。

資料來源：MoneyDJ 理財網

第 3 章

☆☆☆☆☆☆☆☆☆☆☆☆☆☆☆☆☆☆☆☆☆☆☆☆☆☆☆☆☆☆☆☆

買普通股》
搭上成長順風車

☆☆☆☆☆☆☆☆☆☆☆☆☆☆☆☆☆☆☆☆☆☆☆☆☆☆☆☆☆☆☆☆

3指標確認財務表現
挑出會上漲的股票

3-1

我們利用第 2 章學會看年報的方法,確認完公司業務相關訊息以後,接著就是分析經營表現,而財報就是最直接確認一家公司經營表現的方式。

財報可以分成三大報表,分別是「綜合損益表」、「現金流量表」及「資產負債表」,每張報表各有其不同的分析重點。想查詢美國公司的財報,可以上晨星(Morningstar)網站查詢(詳見表 1)。

我們可以使用「營收及獲利穩定成長」、「營業現金流量及自由現金流量穩定成長」和「有息負債比愈低愈好」3 項指標去確認財務表現。

「營收及獲利穩定成長」代表公司愈來愈賺錢;「營業現金流量及自由現金流量穩定成長」表示公司愈來愈賺錢的同時,也確實把現金放進口袋,而不只是虛無縹緲的帳面利潤;「有息負債比愈低愈好」表示公司無須舉債就可達成賺大錢的目標,也代表即使未來景氣轉弱,公司也會因為有息負債比低,而能成功撐過

表1 透過晨星網站，便可找到美國公司三大財務報表
—美國公司三大財務報表查詢網址

財務報表	網址
綜合損益表	financials.morningstar.com/income-statement/is.html?t=AAPL&region=usa&culture=zh-TW&platform=sal
資產負債表	financials.morningstar.com/balance-sheet/bs.html?t=AAPL&region=usa&culture=zh-TW&platform=sal
現金流量表	financials.morningstar.com/cash-flow/cf.html?t=AAPL&region=usa&culture=zh-TW&platform=sal
常見財務比率	financials.morningstar.com/ratios/r.html?t=AAPL&region=USA&culture=zh-TW&platform=sal

註：更改股票代號（表中紅字），即可查詢不同公司的財報資料　資料來源：Morningstar

景氣低迷的時期。

只要公司在「未來」能持續符合這 3 大指標，股價就有很高機率可以持續上漲。下面就以蘋果（Apple，美股代號 AAPL）為例來做詳細分析：

指標 1》營收及獲利穩定成長

股價要持續上漲，最重要的就是獲利要持續成長，而獲利要能夠成長，最直接

的成長動能就來自營業收入（以下簡稱營收）是否穩定成長。

　　因此，我們除了要確認公司的營收、營業淨利（或稱營業利益）、稅後淨利（或稱淨收入）和每股稅後淨利（或稱每股稅後盈餘）的成長幅度以外，也需要確認獲利能力可以保持穩定。分別說明如下：

1.確認營業收入成長幅度

　　以蘋果為例，2009 年營收為 429 億 500 萬美元，至 2018 年已成長為 2,655 億 9,500 萬美元，期間內的年複合成長率達 22.45%（（（2,655 億 9,500 萬 ÷429 億 500 萬）＾（1/9）－ 1）×100%，詳見圖 1）。

2.確認營業淨利成長幅度

　　但僅僅只有營收持續成長是不夠的，若產品成本（或稱營業成本）或營業費用成長幅度大於營收成長幅度，最終仍然無法反映到獲利上，因此我們還須確認營業淨利的成長幅度。營業淨利是衡量公司本業獲利情形的重要指標，其公式如下：

營業淨利＝營業收入－產品成本－營業費用

　　以蘋果為例，2009 年營業淨利為 117 億 4,000 萬美元，至 2018 年已成長為 708 億 9,800 萬美元，期間內的年複合成長率達 22.12%（（（708 億 9,800 萬 ÷117 億 4,000 萬）＾（1/9）－ 1）×100%）。

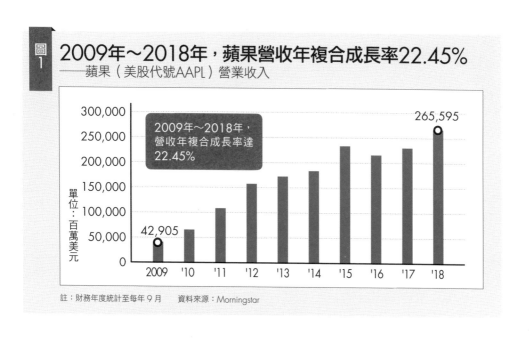

圖1

2009年~2018年,蘋果營收年複合成長率22.45%
—— 蘋果(美股代號AAPL)營業收入

2009年~2018年,
營收年複合成長率達
22.45%

42,905

265,595

單位:百萬美元

300,000
250,000
200,000
150,000
100,000
50,000
0

2009 '10 '11 '12 '13 '14 '15 '16 '17 '18

註:財務年度統計至每年9月　　資料來源:Morningstar

可以發現,蘋果營業淨利的成長幅度與營收相差不大,除了營收持續成長外,獲利也能維持高速成長(詳見圖2)。這表示蘋果的獲利品質相當不錯,並沒有為了衝高營收而犧牲獲利的情形。

3.確認稅後淨利成長幅度

即使營業淨利持續成長,但若是業外損益太大,導致副業影響本業,那仍然無法反映到股東的最終獲利上,因此,接著必須確認稅後淨利是否有成長。稅後淨利的公式如下:

圖2 營業淨利年成長率22.12%，獲利高速成長
——蘋果（美股代號AAPL）營業淨利

> 2009年～2018年，營業淨利年複合成長率達22.12%

70,898

11,740

單位：百萬美元

80,000
70,000
60,000
50,000
40,000
30,000
20,000
10,000
0

2009　'10　'11　'12　'13　'14　'15　'16　'17　'18

註：財務年度統計至每年9月　　資料來源：Morningstar

稅後淨利＝營業淨利＋業外損益－稅費

以蘋果為例，2009 年稅後淨利為 82 億 3,500 萬美元，至 2018 年已成長為 595 億 3,100 萬美元，期間內的年複合成長率達 24.58%（（595 億 3,100 萬 ÷82 億 3,500 萬）＾（1/9）－1，詳見圖 3）。

從圖 2、3 可以發現，蘋果稅後淨利的成長幅度和營業淨利的成長幅度大致相同，代表蘋果的獲利主要來自本業，並不會受到業外損益太多干擾，這是相當好

圖
3

稅後淨利、營業淨利成長幅度差不多，獲利主要來自本業
——蘋果（美股代號AAPL）稅後淨利

2009年～2018年，
稅後淨利年複合成長
率達24.58%

59,531

8,235

單位：百萬美元

70,000
60,000
50,000
40,000
30,000
20,000
10,000
0

2009 '10 '11 '12 '13 '14 '15 '16 '17 '18

註：財務年度統計至每年9月　　資料來源：Morningstar

的現象。

4.確認每股稅後淨利成長幅度

　　確認完公司的淨利是來自本業收入還是業外收入之後，接著，要來看每一股能夠分配到多少獲利。

　　從前述可以知道，稅後淨利是股東的最終獲利，但每股能分到多少獲利，就要看公司發行多少股數而定。如果稅後淨利成長，但發行股數持續增加，那每股稅

後淨利還是會減少，對股東就不是好事。

　　每股稅後淨利又稱每股稅後盈餘，也就是大家常聽到的 EPS（Earnings Per Share），可以分為基本每股稅後淨利及稀釋每股稅後淨利兩種。

　　基本每股稅後淨利即每 1 股可以為股東賺回多少利潤，而稀釋每股稅後淨利則是考慮過所有可能影響流通股數後的保守值。

　　由於公司除發行普通股之外，可能尚有發行可取得或轉換成普通股的認股權、認股證、可轉換公司債、可轉換特別股等，這些權利或證券如行使後，就會使在外流通股數增加，而使原來基本每股稅後淨利降低，也就是發生稀釋獲利的作用。因此，公司必須提供稀釋每股稅後淨利供投資人做判斷，來評估公司真正的獲利狀況。

　　一般而言，只要 EPS 持續成長，股價就比較容易上漲。但為了保守起見，我通常以稀釋每股稅後淨利來做評估。

稀釋每股稅後淨利＝稅後淨利 ÷（普通股在外流通股數＋稀釋性普通股數）

　　以蘋果為例，2009 年稀釋每股稅後淨利為 1.3 美元，至 2018 年已成長為 11.91 美元，期間內的年複合成長率達 27.9%（（11.91÷1.3）^（1/9）－1，

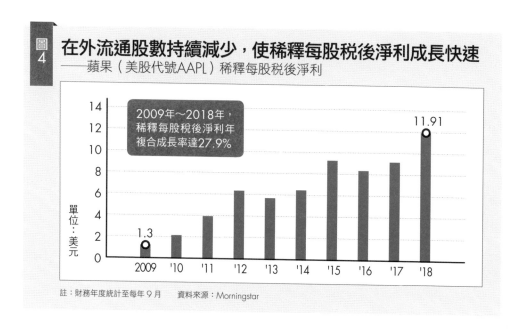

圖4 在外流通股數持續減少，使稀釋每股稅後淨利成長快速
—— 蘋果（美股代號AAPL）稀釋每股稅後淨利

2009年～2018年，稀釋每股稅後淨利年複合成長率達27.9%

註：財務年度統計至每年9月　資料來源：Morningstar

詳見圖4）。

　　可以發現，蘋果稀釋每股稅後淨利的成長幅度，比起營業淨利或稅後淨利的成長幅度都來得更快，代表蘋果公司在外流通股數持續減少，平均每股能獲得的利潤有效提升，對股東來說是很好的現象。

5.確認獲利能力可以保持穩定

　　除了透過上述財務指標來分析以外，我們也可以透過3種數字趨勢的變化，來

迅速掌握公司獲利能力。

①**營業利潤率**：營業利潤率（或稱營業利益率）可以看出公司本業獲利的狀況，其公式如下：

營業利潤率＝營業淨利 ÷ 營業收入 ×100%

若營業利潤率持續提升，代表公司控管產品成本及營業費用的能力增強；反之，若營業利潤率持續下滑，代表公司控管產品成本及營業費用的能力減弱。

並沒有說數字多少比較好或比較差，重點是與競爭對手以及公司自身的比較，如果公司長期營業利潤率比競爭對手高，跟過去歷史比較也持續進步，就代表公司本業獲利能力確實轉強。

以蘋果來說，2009 年營業利潤率為 27.4%，至 2017 年營業利潤率則為 26.7%，代表公司本業獲利能力維持得不錯（詳見圖 5）。

②**稅後淨利率**：稅後淨利率可以看出公司本業獲利加上業外損益後的狀況，其公式如下：

稅後淨利率＝稅後淨利 ÷ 營業收入 ×100%

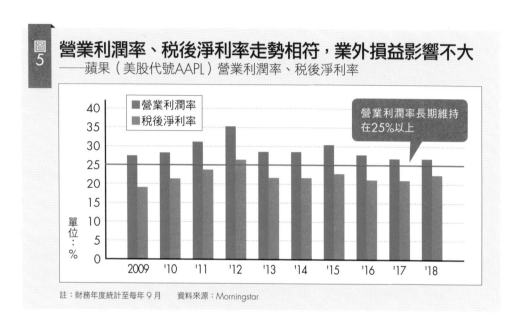

圖5 **營業利潤率、稅後淨利率走勢相符,業外損益影響不大**
——蘋果(美股代號AAPL)營業利潤率、稅後淨利率

註:財務年度統計至每年9月　資料來源:Morningstar

　這個比率並不是愈高愈好,其走勢最好跟營業利潤率走勢相符。若稅後淨利率和營業利潤率的走勢差異很大,代表公司獲利受業外損益影響很大,如此就要深入分析原因,判斷這樣的業外損益是暫時的還是長期的,例如匯兌損益、處分資產損益都是常見的暫時性業外損益,但投資損益則可能是長期的業外損益,這時就要再去研究被投資公司的獲利狀況,才可以做比較正確的判斷。

　以蘋果來說,2009年稅後淨利率為19.19%,至2018年稅後淨利率則為22.41%,代表公司稅後淨利率持續改善,是好現象(詳見圖5)。

另外，將稅後淨利率與營業利潤率比較後可以發現，兩者走勢大致相符，代表公司主要獲利均來自本業，業外損益影響不大。

③**在外流通股數**：在外流通股數是可供所有投資人買賣的股數，又可分為「基本在外流通股數」以及「稀釋在外流通股數」。稀釋在外流通股數是將未來有機會轉換為普通股的公司債、特別股考慮進來，因此，保守起見，我通常以稀釋在外流通股數評估。

通常在外流通股數會減少是因為公司實施庫藏股的影響，也就是公司從投資人手中買回公司股票，如此一來，公司在外流通的股數就會因此減少。由於美國公司分配股利給投資人時，投資人須繳納配息稅，因此為了節省稅費，並回饋投資人，許多公司都會實施庫藏股來回饋股東。

不過，如果公司股價被高估，公司仍大量實施庫藏股，就可能浪費公司營運資金，對股東獲利卻沒什麼幫助。

此外，如果公司的獲利未能改善，卻沒有將資金用在改善營運上，而是一再實施庫藏股，久了只會增加財務負擔，長期來說，並無法替股東創造價值。因此，庫藏股可以視為公司股價上漲的催化劑，但不應該是投資人買進這檔股票與否的關鍵。

圖6 自2013年開始，蘋果的稀釋在外流通股數快速減少
—— 蘋果（美股代號AAPL）稀釋在外流通股數

> 2009年～2018年，稀釋在外流通股數減少幅度高達21.25%

6,349　　6,522　　5,000

單位：百萬股

2009　'10　'11　'12　'13　'14　'15　'16　'17　'18

註：財務年度統計至每年9月　　資料來源：Morningstar

　　以蘋果來說，2009年稀釋在外流通股數為63億4,900萬股，至2018年稀釋在外流通股數減少為50億股，10年總計減少幅度高達21.25%（1－50億÷63億4,900萬×100%，詳見圖6）。

　　自2013年開始，蘋果的稀釋在外流通股數快速減少，而稀釋在外流通股數愈少，平均每位投資人每股可以分得的利潤愈多。假若蘋果稀釋在外流通股數未來仍持續減少，即使淨利潤沒有成長甚至衰退，仍然可以支撐每股稅後淨利維持成長，減少淨利潤下降的衝擊。

指標 2》營業現金流量及自由現金流量穩定成長

有些公司賺錢歸賺錢，但實際上沒賺到什麼現金，這樣的公司長期來說，很容易因為現金不足周轉不靈。因此，確認完公司營收及獲利穩定成長後，接著就必須確認營業現金流量及自由現金流量。分別說明如下：

1.確認營業現金流量成長幅度

營業現金流量代表公司從事各項營業活動後實際賺得的現金。以股東來說，我認為更重要的是公司創造了多少現金流量，而不是帳上有多少獲利，因為現金流量持續流入的公司，手上才有足夠現金可以回饋股東，比起許多帳上有獲利，但實際上現金卻持續流出的公司好太多了。

以蘋果來說，2009 年營業現金流量為 101 億 5,900 萬美元，至 2018 年營業現金流量已成長為 774 億 3,400 萬美元，期間內的年複合成長率達 25.31%（（774 億 3,400 萬 ÷101 億 5,900 萬）^（1/9）－ 1）。可以發現，蘋果營業現金流量的成長幅度與稅後淨利成長的幅度相當（詳見圖 7），代表蘋果在賺取利潤的同時，也能賺回現金。

2.確認自由現金流量成長幅度

營業現金流量代表公司從事各項營業活動後所實際賺得的現金，而自由現金流

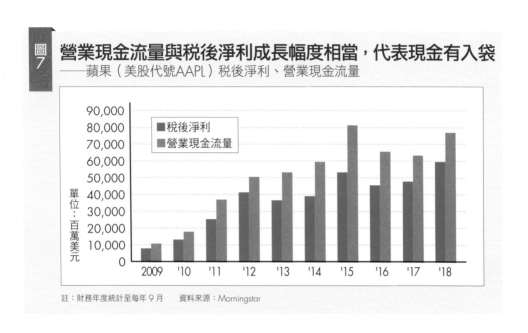

圖7　營業現金流量與稅後淨利成長幅度相當，代表現金有入袋
—— 蘋果（美股代號AAPL）稅後淨利、營業現金流量

註：財務年度統計至每年9月　　資料來源：Morningstar

量就是扣除資本支出後公司可以自由運用的現金，公式如下：

自由現金流量＝營業現金流量－資本支出

一家公司要持續維持營運成長，自然必須要添購生財器具，這些生財器具就是資本支出。扣除完資本支出後的現金流量就可供公司自由運用，可以拿來回饋股東或償還債務。

以蘋果來說，2009年自由現金流量為89億4,600萬美元，至2018年營

現金流量已經成長為 641 億 2,100 萬美元，期間內自由現金流量的年複合成長率高達 24.46%（（641 億 2,100 萬 ÷89 億 4,600 萬）^（1/9）－1，詳見圖 8）。

可以發現，蘋果自由現金流量的成長幅度與營業現金流量成長的幅度相當，代表蘋果資本支出控制得不錯，可以同時兼顧自由現金流量的成長，因此有更多現金可以回饋股東。

指標 3》有息負債比愈低愈好

確認完營收、獲利及現金流量表現後，最後要確認的就是公司有多少負債，一般常用的負債比公式如下：

負債比＝總負債 ÷ 總資產 ×100%

通常一家公司負債比愈高，會被認為償款壓力愈大。當景氣好時，因為賺錢容易，還錢也容易，所以可能沒什麼償款壓力。但景氣差時，賺錢不容易，還錢也不容易，龐大的負債就很容易拖累公司營運，甚至導致公司破產。

但如果直接使用負債比去衡量公司的償債能力，並無法真正區分出一家公司的好壞。因為負債其實可以大略分為 2 種，一種是要付利息，而且必須定期還本，

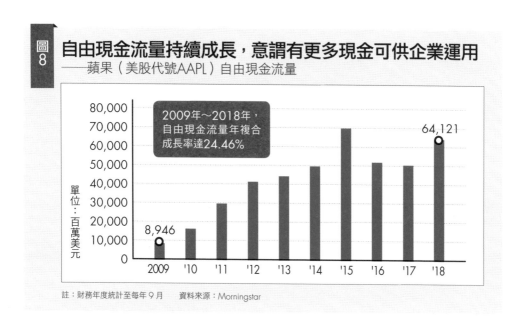

圖8 自由現金流量持續成長，意謂有更多現金可供企業運用
──蘋果（美股代號AAPL）自由現金流量

2009年～2018年，自由現金流量年複合成長率達24.46%

8,946

64,121

單位：百萬美元

2009 '10 '11 '12 '13 '14 '15 '16 '17 '18

註：財務年度統計至每年9月　　資料來源：Morningstar

這種稱為「有息負債」；另一種是不用付利息，而且可以慢慢還本，這種稱為「無息負債」。

　　有息負債最常見的例子就是銀行借款，無息負債最常見的例子則是應付帳款，也就是欠給供應商的錢。

　　通常公司欠銀行錢只能乖乖繳息，並定期還本，若沒依約還款，就是違約。最嚴重可能陷入破產，這樣的錢一定要欠愈少愈好。但欠給供應商的錢則不用付利

息，還可以慢慢還，這樣的錢自然欠愈多愈好，而且某種程度上，這也代表供應商對公司有足夠信心，才願意讓公司慢慢還款。

就像人有好人、壞人，負債也有好債、壞債，同樣都是借 100 萬元買股票，跟銀行借 100 萬元買股票，與跟媽媽借 100 萬元買股票，兩者還款壓力天差地別。跟銀行借錢很難耍賴，而且需要支付利息，但跟媽媽借錢卻可以撒嬌慢慢還，也不需要支付利息，這就是有息負債與無息負債的差異。

所以，衡量公司負債比時，真正要計算的是「有息負債比」，也就是將長期債務加上短期借款以後，再除以總資產。公式如下：

有息負債比＝（長期債務＋短期借款）÷ 總資產 ×100%

有息負債比愈高的公司，代表公司還款壓力大，應該避免投資該公司。

以蘋果為例，若看負債比，從圖 9 可以看出，蘋果 2009 年負債比為 33.39%，之後逐年上升，2018 年的負債比則高達 70.7%。單以負債比去衡量，會認為蘋果公司的償款壓力相當大。

但若改以有息負債比衡量就可以發現，蘋果有息負債比重相當低，2009 年到 2012 年甚至沒有任何有息負債，雖然從 2013 年後有上升情形，但 2018 年有

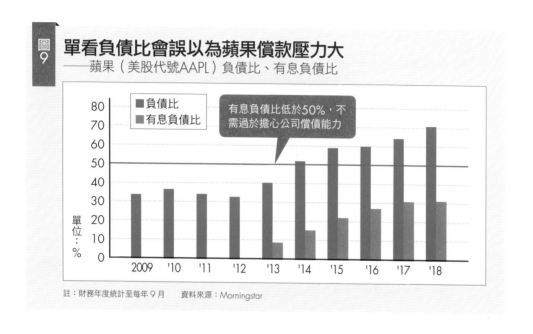

圖9

單看負債比會誤以為蘋果償款壓力大
—— 蘋果（美股代號AAPL）負債比、有息負債比

- 負債比
- 有息負債比

有息負債比低於50%，不需過於擔心公司償債能力

單位：%

2009 '10 '11 '12 '13 '14 '15 '16 '17 '18

註：財務年度統計至每年9月　資料來源：Morningstar

息負債比仍僅為31.3%，代表蘋果公司償債壓力不高。依我個人投資經驗，我認為有息負債比超過50%才需要擔心。

財務指標為歷史資料，仍有其限制

前面提到了投資人應該要關注的3大指標（營收及獲利穩定成長、營業現金流量及自由現金流量穩定成長、有息負債比愈低愈好），但用歷史資料算出的財務指標，僅能顯示公司過去表現是好是壞，重點是其「未來」趨勢的變化。

111

就如同蘋果股價「過去」之所以狂漲，是因為「過去」的財務指標很漂亮，但買股票要賺錢重點是「未來」，公司未來能不能維持如此優秀的財務表現，這點從財務數字本身看不出來，必須仔細推敲財務數字的背後原因才能判斷。

然而，買股票難就難在預測未來並不容易，有些公司在過去幾年可能符合這 3 項指標，但若沒有競爭優勢來保護獲利成長，財務指標可能很快轉弱，股價也隨之下跌。也有些公司現在財務指標並不漂亮，但正在努力建構自己的競爭優勢，未來很有機會開花結果，財務指標在未來轉強，從而帶動股價上漲。

因此，我在下一個章節就要接著說明，如何分析一家公司的「未來展望」及「競爭優勢」。

3-2 從未來展望、競爭優勢 預測公司獲利變化

確認完財務指標表現，接著就是分析公司「未來競爭力」，也就是確認公司「未來展望」及「競爭優勢」。

投資股票想要賺錢，最重要的就是未來股價要上漲，而影響股價漲跌的最大原因只有 2 個：第 1 個是公司未來獲利變化，第 2 個是投資人心理預期。

1. **公司未來獲利變化**：當公司獲利向上時，股價容易上漲；反之，當公司獲利向下時，股價容易下跌。

2. **投資人心理預期**：當投資人對未來充滿樂觀期待時，股價也容易上漲，直到市場上大多數人都非常樂觀為止；反之，當投資人對未來充滿悲觀情緒時，股價就容易下跌，直到市場上大多數人都非常悲觀為止。

但就連知名物理學家牛頓（Isaac Newton）都曾說過，他能計算天體的運行，卻無法計算人心的瘋狂，可見投資人心理預期難以捉摸，只能順勢而為。若過於

在意投資人心理，反而很難做出理性判斷，因此應專注於分析公司未來獲利變化。

　　然而，雖然預測公司未來獲利變化，比預測市場情緒簡單一些，但還是必須做一些基本功課。例如可以從財報、新聞、研究報告或法說會等資料找尋公司的相關資訊，就能幫助投資人更了解營運狀況（詳見表 1）。

未來展望》透過 6 個關鍵問題分析

　　基本上，在分析一家公司的未來展望時，我一定會問自己這 6 個關鍵問題，以下以蘋果（Apple，美股代號 AAPL）為例：

1.未來可否持續獲利？

　　一家公司未來可否持續獲利，關鍵是有無競爭優勢（競爭優勢分析可詳見後文），競爭優勢可以保護公司未來獲利。

　　以蘋果來說，這家公司具有強大的品牌優勢，即使 iPhone 手機連年漲價，以入門款為例，2010 年推出的 iPhone 4 官方定價 2 萬 4,900 元，2018 年推出的 iPhone XS 定價已漲到 3 萬 5,900 元，但許多人仍視蘋果手機為第一選擇。另外，蘋果旗下產品，不論 iPhone、iPad、Mac 都深獲人們喜愛，消費者忠誠度相當高，對顧客充滿吸引力。

表1	網路上有許多免費公司資料,可供投資人參考

——5種好用的收集公司資料方式

資料	來源	說明
公司年報	美國證券交易委員會(SEC)網站可供下載	年報中有許多關於公司營運的寶貴資訊
各大媒體新聞	Google搜尋	可以了解公司近期營運狀況
免費研究報告	券商提供	例如第一證券(Firstrade)就免費提供晨星(Morningstar)的研究報告,其中有許多分析師整理的資訊,說明公司獲利狀況、未來展望等等,是非常棒的資訊來源
法說會簡報	公司投資人關係部門(可透過Google搜尋)	例如想找蘋果法說會簡報,就用「Apple IR」(IR是Investor Relations(投資人關係)的縮寫)當關鍵字去Google找,就可以找到相關財務資訊。簡報是公司替投資人整理的重點,可以節省非常多研究時間
法說會逐字稿、分析文章	Seeking Alpha(seekingalpha.com)	這是我非常喜歡的網站,提供法說會逐字稿以及相當多分析文章,可以幫助自己更加理解公司

2. 未來獲利如何持續成長?

根據蘋果歷年財報可看出,截至 2018 年,iPhone 仍然是蘋果最大營收來源,占比約為 62.76%,雖然較 2017 年成長 1.11 個百分點,但整體趨勢仍屬下滑。取而代之的是蘋果服務(Apple Service)快速成長,自 2015 年的 8.52% 成長至 2018 年的 14%(詳見圖 1)。若依此速度增長下去,到 2024 年蘋果就會有超過一半營收來自 Apple Service。

Apple Service 包括 App Store（行動應用程式服務）、Apple Music（音樂服務）、Apple Pay（電子支付服務）、Apple Care（硬體維修保固服務）、iCloud（雲端服務）等熱門服務，目前蘋果旗下 3 大硬體產品 iPhone、iPad、Mac，若沒有 Apple Service 支持，基本上毫無樂趣可言。

蘋果提供的硬體產品更像是一個觸媒，使消費者可以自由去搭載喜歡的 Apple Service，從而抓住了消費者的心。因此，Apple Service 會是蘋果未來幾年最重要的成長動能，只要 Apple Service 可以繼續吸引消費者，那麼蘋果的獲利動能就可望持續。

3.競爭對手有哪些？

2018 年蘋果主要產品是 iPhone，貢獻了 62.76% 的營收，最大競爭對手是 Android 手機，例如三星（Samsung）、華為、小米、OPPO 等。根據國際數據資訊有限公司（IDC）研究，截至 2018 年第 4 季，前 5 大手機品牌為三星、蘋果、華為、OPPO、小米，這 5 大手機品牌在全球市占率高達 68.5%。其中三星市占率 18.7%、蘋果市占率 18.2%、華為市占率 16.1%。

雖然蘋果手機市占率只有第 2 名，但根據 Counterpoint Research 報告，2018 年蘋果獲利占整體手機廠的比重高達 73%，遠遠領先第 2 名三星的 13%。從上述資料可以看出，蘋果和三星的市占率只有 36.9%，卻拿下了將近 9 成的獲利，其

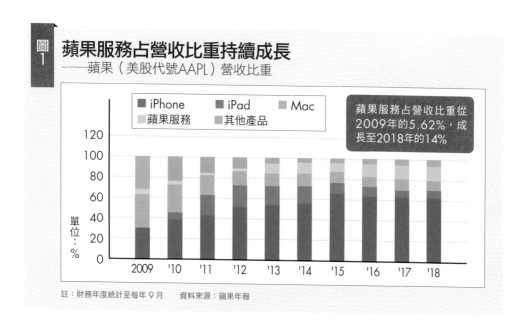

圖1 蘋果服務占營收比重持續成長
—— 蘋果（美股代號AAPL）營收比重

iPhone　iPad　Mac
蘋果服務　其他產品

蘋果服務占營收比重從2009年的5.62%，成長至2018年的14%

單位：%

註：財務年度統計至每年9月　　資料來源：蘋果年報

餘競爭對手只能分食剩下利潤，因此蘋果在手機領域上，並沒有明顯的競爭對手。

從定價策略來看，蘋果將 iPhone 定位為中高階，雖然導致市占率較低，但卻成功拿下產業中大部分獲利，且蘋果專注精品策略，反而有助提升品牌價值，在消費者心中留下「蘋果就是潮」的深刻印象，長期來說更能吸引消費者購買。

4.提供的產品或服務有無替代品威脅？

最能直接取代 iPhone 手機的替代品，就是以 Google 為首的 Android 陣營手機，

Google 提供 Android 手機作業系統，供各家手機廠商開發運用。

不過蘋果軟硬兼施的策略，有效化解替代品威脅。蘋果提供的硬體載具從小到大依序為 iPhone、iPad、Mac，可以滿足大多人在不同場合的使用需求，硬體間也可以彼此整合應用。另外，在軟體上，Apple Service 提供 App Store、Apple Music、Apple Pay 等服務，與硬體載具形成一個完整的生態系。若想使用 Apple Service，就必須買入蘋果硬體，缺一不可。

雖然 Android 手機也有提供許多類似服務，但 iPhone 的操作系統在架構上比 Android 安全許多，蘋果的 iOS 系統只能運行蘋果核准的應用程式，而 Android 手機由於是開放系統，因此可以運行許多第三方應用程式，存在惡意軟體的可能性相對更大。

總結來說，雖然 Android 手機可以提供許多類似功能，但對於注重隱私及安全性的消費者來說，iPhone 是難以取代的。

5.有無新進者威脅？

目前各家手機廠商競爭激烈，但蘋果以較少的市占率（18.2%）獲取產業絕大數利潤（73%），這使蘋果可以獲取更多資源來抵抗新進者威脅，形成正向循環。另外，蘋果完整的生態系，也使競爭者難以進入，單以手機低價競爭，很難撼動

蘋果的護城河。

6.所處的產業前景如何？

目前智慧型手機成長趨緩，未來蘋果獲利成長動能主要來自 Apple Service，蘋果的 App Store、Apple Music、Apple Pay、Apple Care、iCloud 等熱門服務都持續成長，全球付費用戶超過 3 億 900 萬人（截至 2019 年 3 月）。

蘋果也打算在未來進軍影視內容，並整合音樂、閱讀等服務，透過提供多樣化的服務，牢牢抓住使用者的心。未來影響蘋果獲利的關鍵就是蘋果能否成功整合各項服務，提供消費者更好的使用體驗，預計在蘋果全心衝刺服務事業營收的背景下，硬體的重要性可能會逐漸降低。

基本上，只要能回答上面 6 個問題，就表示你對這家公司未來獲利有一定了解。

剛開始研究公司時，建議可以從生活中熟悉的公司找尋，這樣不論對產品或服務都會有相當程度的熟悉感，也比較不會因為不知從何下手而產生挫折，久而久之當分析流程運作得愈來愈熟練時，認識的公司就會愈來愈多，研究的時間也可以大幅縮短，投資獲利機會也能增加。

例如，我 2012 年第 1 次買美股時，就是先從蘋果入手，當時周遭很多朋友都

會特地熬夜看蘋果新機發表會，也因此引起我的注意。後來仔細研究後才發現，與其從台股中辛苦研究一堆蘋果供應鏈，不如直接買蘋果來得省心又輕鬆。吃了蘋果甜頭後，就開始把愈來愈多資金移往美國，也認識愈來愈多美國好公司，例如 Google（母公司 Alphabet 的美股代號 GOOGL）、臉書（Facebook，美股代號 FB）、亞馬遜（Amazon，美股代號 AMZN）、好市多（Costco，美股代號 COST）等等。這幾年更發現可以直接研究巴菲特（Warren Buffett）這些投資高手所持有的股票，省下很多研究時間，也提高自己投資勝率。

　　經過這些年，我覺得投資很像是尋寶解謎的過程，找到寶藏固然開心，但是解謎過程更令人嚮往，我以前年輕學投資是為了賺錢，現在單純為了興趣才投資。雖然一樣都是在投資，但當滿心想賺錢時，就會不知不覺把每天的股價變動放很重，而當心情很難平靜時，績效就很難穩定，所以要學會享受研究投資過程的樂趣，獲利才會隨之而來。畢竟，一定要做自己有興趣的事情，才有機會做得比別人好！

競爭優勢》優秀公司至少需擁有其中 1 種

　　當分析完一家公司的未來展望後，接著就是確認一家公司的競爭優勢。巴菲特曾說，若想長期持有一家公司，就要專注於公司有沒有競爭優勢，擁有競爭優勢的公司才能保護獲利不被侵蝕，其未來展望的確定性也會更高。

以下介紹常見的 6 種競爭優勢，然而就實際情況而言，不太可能有一家公司擁有全部的競爭優勢，因此，只要能夠擁有其中至少一種競爭優勢，並且持續強化加深，就是非常優秀的公司了。

1.成本優勢

成本優勢代表公司可以用比競爭對手更低的成本生產相同性質的產品。形成成本優勢的原因有很多，可能公司擁有更先進的技術、獨占某個關鍵生產資源、剛好大客戶在附近，可以節省運費資源等。比較常見的成本優勢則是企業本身規模遠大於同業，因此，產品在大量生產時可以分攤更多固定成本（指不論產量多寡都一定要付出的成本），形成規模優勢。

網路電視產業就是具有規模優勢的產業，例如網飛（Netflix）投資大量資金製作原創節目，只要愈多人訂閱 Netflix，製作節目的平均成本就愈低，這些節目給 1 個人看或給 100 個人看，增加不了多少成本。對 Netflix 來說，只要吸引愈多人訂閱，就有更多資源可以製作好節目，有更多好節目就能吸引愈多人訂閱，形成正向循環。

2.品牌優勢

品牌優勢是指即使有更便宜的同類型產品，消費者也願意為此品牌付出更高的價格。例如蘋果就有明顯的品牌優勢，同樣都是智慧型手機，但是消費者願意為

iPhone 付出更高的價格。連鎖咖啡店星巴克（Starbucks，美股代號 SBUX）也具有明顯的品牌優勢，同樣都是咖啡，但是消費者願意為星巴克的咖啡付出更高的價格。

3. 專利優勢

專利可以保護辛苦研發的技術不被競爭對手模仿，在專利期間內只有公司自身可以生產特定產品，形同獨占整個市場。

許多國際製藥廠都會申請專利，通常專利期間為 20 年，在專利期間內只有該家製藥廠可以生產特定藥品，獨占整個市場。專利過期後，其他藥廠就可以模仿其成分製作非專利藥，利潤也會隨之快速降低。因此，專利藥廠通常會不停申請新專利，以維持自己的利潤。

4. 特許經營

有些產業如廢棄物處理業、煉油業、管道運輸業等等，必須要向政府申請執照才能經營，而這個執照還因為涉及環保、公眾利益等因素，形成重重法規限制而非常難申請，使新進競爭者難以跨入。

例如錢尼爾能源（Cheniere Energy，美股代號 LNG）為美國最大天然氣出口商，從事天然氣出口必須要政府機關核准，但這個執照並不容易取得，事實上錢尼爾

能源是目前美國唯一的天然氣出口商，形成特許經營優勢。

5.轉換成本

　　轉換成本就是當消費者購買其他類似產品或服務時，付出的時間或金錢成本格外高昂。

　　例如微軟（Microsoft，美股代號 MSFT）推出的 Word 文件編輯軟體，網路上早有許多功能相似的免費軟體，如 OpenOffice 或 Google 文件等，但因使用其他軟體還要額外花時間學，所以流失的消費者相對有限，許多軟體業者也都有這樣的競爭優勢。

6.網絡優勢

　　網絡優勢就是愈多人用會愈好用。在現今網路科技時代，這樣的優勢相當常見，例如 Google 會因為愈多人使用，搜尋結果愈精準；亞馬遜會因為愈多人使用，買方更容易找到心儀產品，賣方也更容易賣出產品；臉書會因為愈多人使用，而吸引愈多人使用，去其他社群網站可能也找不到自己的朋友。

　　有了競爭優勢才能保護公司獲利不被侵蝕，未來展望的確定性也會更高。但競爭優勢是動態變化的過程，並非一成不變，我習慣等每季季報出爐後再做一次詳細檢查。可以使用表 2 的競爭優勢檢查表來進行確認。

表2 用檢查表確認公司有無競爭優勢		
——競爭優勢檢查表，以蘋果（美股代號AAPL）為例		
優勢項目	**分析評估**	**檢查結果**
成本優勢	蘋果對供應商的控制能力相當強，對管控成本有相當程度的要求，但蘋果核心策略是提供消費者差異化服務，創造更大價值，低價競爭並非其主要策略，並無明顯成本優勢	X
品牌優勢	比起其他品牌智慧型手機，蘋果手機定價更高，消費者也樂於埋單，擁有明顯品牌優勢	V
專利優勢	雖然蘋果手上有許多專利，但競爭對手一樣可以提供許多類似產品或服務，並無明顯專利優勢	X
特許經營	蘋果所處產業非特許經營，產業進入門檻並不高，無特許經營優勢	X
轉換成本	雖然蘋果手機內建許多獨一無二的服務，希望可以增加客戶黏著性，但對手陣營也可以提供許多類似服務，從蘋果手機轉換成Android手機不會特別困難，並沒有明顯的轉換成本優勢	X
網絡優勢	愈多人使用蘋果手機，並不會獲得特別好處，只會造成需要排很久的隊買蘋果手機，並無明顯的網絡優勢	X

資料來源：美股夢想家

　　經過表 2 分析評估，可以發現蘋果有明顯的品牌優勢，其餘競爭優勢則相對不明顯，可以再深入分析蘋果形成品牌優勢的原因，以及這些原因會不會持續存在。若確認該項優勢可以持續存在，就代表蘋果在未來可以持續獲利的機會就非常高。

透過3方法收集資訊
確認經營階層值得信賴

根據前文的判斷方式找到一家獲利能力好且擁有長期競爭力的企業後,接著就是確認經營階層是否誠實可靠。

財報分析有其極限,如果一個「不誠實」的經營階層意圖製造「業績假象」,一般人很難從財報上看出來,所以確定經營階層是否正直非常重要,找到好老闆才能抱得久。雖然大多投資人並沒有辦法當面認識經營階層,但可以利用下面 3 種方法收集經營階層資訊來分析:

方法 1》觀察經營階層過去承諾有無兌現

現在 Google 搜尋非常方便,只要輸入經營階層中關鍵人物名字,如特斯拉(Tesla,美股代號 TSLA)執行長馬斯克(Elon Musk)及蘋果(Apple,美股代號 AAPL)執行長庫克(Timothy Cook)等,就會出現許多新聞,而且還可以調整搜尋時間,方便前後比對。

　　因此,可以透過觀察經營階層過去種種發言以及公司後續執行力等,來確認經營階層過去承諾是否有兌現。

方法 2》觀察經營階層言行

　　我們同樣可以利用 Google 搜尋經營階層過去接受專訪的影音,實際觀察經營階層言行,例如 2018 年 5 月特斯拉 CEO 馬斯克召開財報電話會議時,就當場打斷分析師提問,說「問題太無聊」直接拒絕回答,當天晚上特斯拉股價在盤後交易時段大跌超過 5%。雖然在 2018 年 8 月,馬斯克再次召開財報電話會議時馬上道歉,使當天股價大漲 16% 以上。但前後態度實在差太大,這種公司就很難會讓人想投資。

方法 3》觀察經營階層持股市值是否遠大於所領酬勞

　　我認為最簡單衡量的方法就是觀察經營階層「持股市值」是否遠大於「所領酬勞」。「持股市值」指的是經營階層實際擁有公司股票數量的市場價值,「所領酬勞」是經營階層每年可以從公司領到的各種報酬,如果經營階層本身就有相當多股票,且遠大於每年從公司領到的各種報酬,與股東利益一致的可能性就很高。

　　以蘋果為例,目前(截至 2019 年 5 月 29 日)所有重要內部人士總持有股份

表1 透過晨星網站,可以查詢經營階層的持股和薪資
—— 經營階層持股情形查詢網址

查詢項目	網址
內部人士持股	http://insiders.morningstar.com/trading/insider-activity.action?t=aapl&region=usa&culture=zh-TW&platform=sal
高階主管薪資	http://insiders.morningstar.com/trading/executive-compensation.action?t=aapl&region=usa&culture=zh-TW&platform=sal

註:更改股票代號(表中紅字),即可查詢不同公司的資料　　資料來源:Morningstar

為 246 萬股,持股總市值約 4 億 4,056 萬美元,高階主管 2018 年總薪資約 1 億 2,197 萬美元,其持股市值遠大於所領酬勞,可以預期經營階層利益應會與股東利益一致,蘋果股價未來可望一直上漲。

除了觀察整體內部人士的資訊以外,我們也可以分別針對特定人士做深入分析。以分析蘋果執行長庫克持股市值及所領酬勞為例,目前(截至 2019 年 5 月 29 日)庫克持有約 87 萬股,持股市值約 1 億 5,721 萬美元,2018 年總薪資僅 1,568 萬美元左右,其持股市值遠大於所領酬勞,可以預期庫克利益應會與股東利益一致,未來蘋果股價可望一直上漲。

而且,若細看薪酬結構可發現,庫克 2018 年的其他薪資約 68 萬美元,年薪只有 300 萬美元,其餘 1,200 萬美元均是非股權薪資。

表 2	經營階層年薪占總薪資比重愈低，愈有利股東利益

——5種常見薪酬

薪資種類	意義
年薪	正常上下班就可以領到的薪資，比率愈低愈好
獎金	達成特定績效才能領到的薪資，但與股價變動沒什麼關係。若公司績效目標與股東利益沒什麼關聯，對股東來說未必是好事，這時就要再確認經營階層的持股情形，確保與股東利益一致
限制性股票獎勵	在限制期間無法交易的股票，需經過一定期限或達成特定績效才可正常買賣。未來股價愈高，獲利空間愈大，因此會使經營階層利益與股東一致的機率較高
股票選擇權	達成特定績效目標，可在一定期間以約定價格認購一定數量股票的權利。未來股價愈高，獲利空間愈大，因此會使經營階層利益與股東一致的機率較高
非股權薪資	依公司所擬定之獎勵計畫，達成特定目標後，方能領取之非股權酬勞，但與股價變動沒什麼關係。若公司績效目標與股東利益沒什麼關聯，對股東來說未必是好事，這時就要再確認經營階層的持股情形，確保與股東利益一致

資料來源：Morningstar

　　所謂非股權薪資是依公司所擬定之獎勵計畫，達成特定目標後，方能領取之非股權酬勞，而年薪則只要正常打卡上下班就可以領取，所以在分析薪酬結構時，年薪所占比重愈低愈好（詳見表 2），因為其性質不同於獎金、股票選擇權或限制性股票獎勵等酬勞，年薪是不用特別付出，也無須達成任何績效目標就能獲得的錢，這樣的薪水當然比重愈低愈好，經營階層認真工作的機率才會比較高。

依不同公司類型
選擇股票價值估算法

確認完公司獲利能力、長期競爭力以及經營團隊是否誠實可靠以後，接著就進入最重要的環節——如何估算股票價值。

巴菲特（Warren Buffett）自己也說選股最難達成的是第 4 個條件（吸引人的價格，詳見 2-1），因為好公司股價通常不便宜，所以要付出許多耐心等待。而且即使等到了便宜價格，更要深入研究股價便宜的原因。天下沒有白吃的午餐，股價會便宜一定有原因，尤其美股牛市自 2009 年開始，已經連續漲了 10 年，現在估值便宜的股票大多數都是有問題的，而價值投資者的工作就是分析這些落難的公司在未來會不會變好。

以巴菲特 2016 年買進的蘋果（Apple，美股代號 AAPL）為例，就是買在蘋果營運狀況相對低迷時，當時許多人並不看好蘋果未來發展，認為 iPhone 銷量停滯將會使蘋果獲利成長趨緩，而巴菲特則認為蘋果具有強大的護城河，其所開發的產品具有相當強的吸引力，使用者根本無法離開它，因此短期能夠賣出多少支

iPhone 不是重點，只要人們依然熱愛 iPhone，蘋果長期的獲利空間就不會消失。事後證明，蘋果股價自巴菲特 2016 年買進後持續上漲，使巴菲特成功取得優異報酬。

　　每家公司隨著獲利成長幅度及穩定性不同，我認為可以分為穩定獲利型（盈餘成長率 0%～10%）、高速成長型（盈餘成長率 10% 以上），以及景氣循環型（盈餘變動幅度大）。並不會有一家公司永遠屬於某種類型，例如蘋果早期是高速成長型，現在則算是穩定獲利型，不同的類型會有不一樣的估價方式。

　　不過，每家公司都有獨特的地方，使用盈餘成長率來區分僅是大略的方式，建議還是深入研究每家公司的營運模式，再選擇合適的估價方式。畢竟投資沒有標準答案，投資就像品茶，我說好喝，但你不一定會覺得好喝，仍然取決於每個人對公司的熟悉度而有不同。

　　我使用的估值方式主要有 3 種，分別是本益比（P/E）、本益成長比（PEG）和股價淨值比（P/B），詳細介紹如下：

穩定獲利型公司》適用本益比估價法

　　本益比公式為「股價除以預期未來 1 年每股稅後淨利」，倍數愈高，股價高估

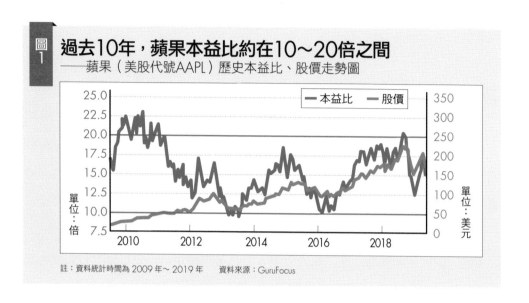

圖1 過去10年，蘋果本益比約在10～20倍之間
—— 蘋果（美股代號AAPL）歷史本益比、股價走勢圖

註：資料統計時間為2009年～2019年　　資料來源：GuruFocus

可能性愈高；倍數愈低，股價低估可能性愈高。隨著產業特性不同，會有各自適合的倍數，因此，我比較喜歡使用的方法是參考一家公司過去10年的本益比走勢，再來計算股價處在哪種區間。

以蘋果為例，巴菲特第1次買進是在2016年。從圖1可以發現，巴菲特就買在歷史平均低點，約本益比10倍附近。

而蘋果本益比在過去10年（2009年～2018年）大約在10至20倍左右附近波動，以目前（2019年5月）本益比倍數15倍來說，蘋果股價在中

位數區間。

高速成長型公司》適用本益成長比估價法

本益成長比是傳奇基金經理人彼得・林區（Peter Lynch）最喜歡使用的參考指標，公式為「本益比除以過去 3 年平均盈餘年成長率」。當本益成長比＜ 1 時表示股價被低估，本益成長比＞ 2 時表示股價被高估。

不過，由於盈餘受會計原則影響變動大，在實際使用時，我也會同時以營收成長率計算，如此得到的數值會比較有意義。

例如，臉書（Facebook，美股代號 FB）就是典型的高速成長股，在過去 3 年（2016 年～ 2018 年）平均盈餘年成長率為 80.37%，平均營收年成長率也高達 46.04%，而目前（2019 年 5 月）本益比只有 27.07 倍。不論用本益比除以過去 3 年平均盈餘年成長率，或是除以過去 3 年平均營收年成長率，算出來的數值分別為 0.34 和 0.59，都大幅低於 1，是明顯被低估的成長型公司。

但使用本益成長比的最大盲點在於「過去不代表未來」，最正確算法為以本益比除以未來 3 年平均盈餘年成長率。如果未來 3 年臉書因為用戶成長趨緩、監管成本提高等因素導致獲利下滑，年成長率低於 27.07%，其實就一點都不便宜了。

　　雖然很難準確判斷公司未來成長性，但只要判斷公司未來幾年仍有競爭力，足以保護自己的利潤，就可以依據產業前景給予一個合理的本益比。所以判斷一家公司有沒有競爭優勢是最重要的步驟，如果一家公司沒有任何競爭優勢，那就無法抵禦競爭對手入侵，即使盈餘成長率再高、本益成長比再低，也沒有任何意義。

景氣循環型公司》適用股價淨值比估價法

　　股價淨值比公式為「股價除以預期未來 1 年每股淨值」，倍數愈高，股價高估可能性愈高；倍數愈低，股價低估可能性愈高。隨產業特性不同，會有各自適合的倍數，較常使用於獲利起伏大甚至虧損的公司。

　　例如全球最大推土機與挖掘機廠商開拓重工（Caterpillar，美股代號 CAT），就是典型的景氣循環股，不論推土機或挖掘機這些器具都不便宜，因此，一旦景氣趨緩會優先被減少購買，所以獲利波動幅度相當大。

　　就開拓重工過去 10 年（2009 年～ 2018 年）的股價淨值比來看，大約在 3 倍至 6 倍間波動，可以看出目前（2019 年 5 月）是景氣循環的相對高點，股價淨值比為 4.6 倍，股價在相對高檔區（詳見圖 2）。

　　股票價值估算需與公司營運狀況一起分析，一家公司股價會便宜或昂貴，背後

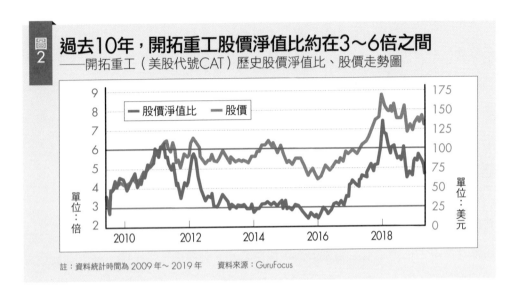

圖2　**過去10年，開拓重工股價淨值比約在3～6倍之間**
——開拓重工（美股代號CAT）歷史股價淨值比、股價走勢圖

註：資料統計時間為 2009 年～ 2019 年　　資料來源：GuruFocus

都有其原因，可能是公司獲利狀況的變化，也可能是市場情緒的變化，因此除了估算股票價值外，最重要的是必須綜合考量營運狀況，努力收集證據證明未來股價會上漲才行。因為大多數時候市場其實很有效率，若單純因為股價便宜就買進，很容易落入價值陷阱而不自知；若單純因為覺得股價昂貴就賣出，也很容易錯過一個大波段，只能徒呼負負。

所以，投資人可以等到看得懂以後再出手。投資就像打棒球，不會因為錯過一、兩顆好球就出局，耐心等待就會有屬於自己的機會來臨。

3-5 用投資檢查表＋技術線型 判斷該加碼還是出清持股

在做足功課也用合理價買進股票後，往往會反覆思考何時可加碼及賣出。其實，背後思考邏輯都是一致的，也就是持續思考同時間有沒有更好的投資機會。

舉例來說，今天我投資臉書（Facebook，美股代號 FB）100 萬元，賠了 10 萬元，在考慮要加碼還是停損時，我思考的不只是臉書本身，會連同其他投資機會一起思考，究竟是臉書潛在的報酬大，還是其他投資機會的報酬大？如果臉書報酬大，那冒的風險是比其他投資機會大還小？

如果結論是臉書就是目前最好的投資機會，那就要加碼續抱；如果重新分析以後，發現臉書並不是目前最好的投資機會，那就要選擇停損賣出。

投資檢查表》減少不理性因素，有效避免投資失利

至於該如何判斷，其實很簡單，很多投資經理人為了減少不理性因素產生，

都會使用投資檢查表，例如《下重注的本事：當道投資人的高勝算法則》（The Dhandho Investor：The Low-Risk Value Method to High Returns）作者帕波萊（Mohnish Pabrai），就是檢查表的愛用者。帕波萊認為，檢查表可以有效避免投資失利，建議所有投資人都應該設計自己的檢查表來避免決策失誤。

　　表 1 是我目前使用的檢查表，共有 7 項，其中前 5 個項目與企業本身營運高度相關，第 6 項則是避免過度看好單一個股，產生一次性巨大虧損，第 7 項則與企業營運狀況無關，主要是考慮市場情緒變化，若大盤或個股不再呈現黃金交叉（月線向上穿越年線），而呈死亡交叉時（月線向下跌破年線），可考慮獲利了結。如在買進後出現超過 3 項答案為否，我就會考慮賣出。

技術分析》觀察月線、年線走勢，避開空頭市場

　　檢查表中第 7 項的「黃金交叉」，指的是當月線（20 日均線）向上穿越年線（250 日均線），20 日均線是過去 20 天的平均股價，也稱為月線，而 250 日均線是過去 250 天的平均股價，也稱為年線。當月線跌破年線時，空頭走勢容易出現；反之，當月線漲破年線時，多頭走勢容易出現。

　　以標普 500 指數（S&P 500）為例，自 2007 年 1 月迄今（2019 年 5 月），共有 5 次出現顯著的月線跌破年線情形，而標普 500 指數也因此出現較大跌幅，

表
1

若出現3個答案為否，可考慮賣出持股
—普通股投資檢查表

檢查項目	是	否
產業是不是自己了解的？		
企業面臨的不利因素在未來是否有機會降低？		
企業在未來是否持續具有競爭優勢？		
企業未來營運狀況是否能好轉或持續成長？		
經營階層是否誠信可靠？		
單一持股是否低於整體資金10%？		
大盤或個股是否維持黃金交叉＊？		

註：＊ 此處黃金交叉是指當月線（20日均線）向上穿越年線（250日均線）　　資料來源：美股夢想家

分別是 2008 年金融海嘯、2010 年及 2011 年歐債危機、2015 年新興市場危機、2018 年美中貿易戰（詳見圖 1）。

月線跌破年線是我個人的投資原則，因為週期較長，比較不用常常換股。也有人會使用季線（60 日均線）來判斷股價多空，當大盤跌破季線時視為空頭；當大盤漲破季線時則視為多頭。但由於季線比較敏感，經常出現股價跌破或漲破的情形，換股就會比較頻繁，因此可以依個人習慣選擇適合的週期，並沒有標準答案。

我認為，即使是買個股還是要參考大盤走勢，多數個股會隨大盤漲跌，當空頭

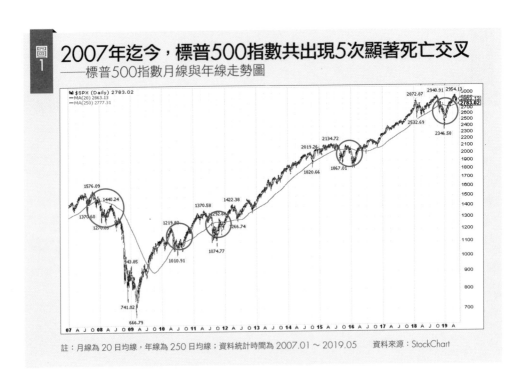

圖 1

2007年迄今，標普500指數共出現5次顯著死亡交叉
—— 標普500指數月線與年線走勢圖

註：月線為 20 日均線，年線為 250 日均線；資料統計時間為 2007.01 ～ 2019.05　　　資料來源：StockChart

市場來臨時，再強的股票也很難有好表現，所以參考大盤走勢，適時獲利了結，才能留下更多現金買好股票，資產也才能穩定成長。

　　同樣的邏輯也可用在個股上，若對公司營運沒充分把握，搭配這些線圖一起看，勝率可以提高很多。特別是美股可以長抱的成長績優股有很多，用這樣的方法很容易賺到一個大波段。判斷方式有兩種：

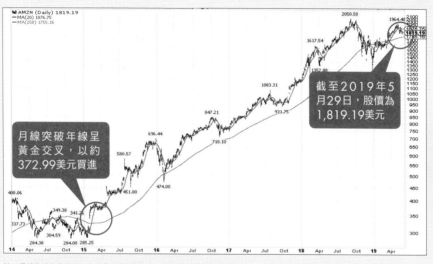

圖2 若在2015年2月買進亞馬遜，持有至今股價已上漲5倍
——亞馬遜（美股代號AMZN）月線與年線走勢圖

註：月線為 20 日均線，年線為 250 日均線；資料統計時間為 2014.01 ～ 2019.05　　　資料來源：StockChart

1.個股出現黃金交叉時，務必抱緊處理

例如亞馬遜（Amazon，美股代號 AMZN）股價在 2014 年初時，月線曾經短暫跌破年線（詳見圖 2）。若在月線突破年線時立即買進，當時股價約為 372.99 美元（2015 年 2 月 10 日收盤價），持有到現在股價約為 1,819.19 美元（2019 年 5 月 29 日收盤價），是接近 5 倍的報酬（1,819.19÷372.99），年化報酬率約 45.19%。

圖 3　**2015年中以後，UA股價一路大跌**
——UA（美股代號UAA）月線與年線走勢圖

月線跌破年線呈
死亡交叉，以約
42.35美元賣出

月線突破年線呈
黃金交叉，以約
14.47美元買進

註：月線為 20 日均線，年線為 250 日均線；資料統計時間為 2013.01 ～ 2019.05　　資料來源：StockChart

2.個股出現死亡交叉時，就應考慮賣出

前幾年知名運動品牌 Under Armour（簡稱 UA，美股代號 UAA）紅遍大街小巷。去健身房健身時，幾乎每個人都要穿一件 UA 的緊身衣展示身材，但不知道大家有沒有發覺，好像愈來愈少人穿了呢？

股價對潮流的敏感度永遠比我還敏銳，UA 股價在 2013 年年初時，月線曾經短

暫跌破年線（詳見圖3）。若在月線突破年線時立即買進，當時股價約為 14.47 美元（2013 年 4 月 11 日收盤價），一路放到 2015 年 12 月，月線跌破年線時賣出，當時股價約為 42.35 美元（2015 年 12 月 23 日收盤價），是接近 3 倍的報酬（42.35÷14.47），年化報酬率超過 6 成。

但潮牌終有退潮的一天，UA 股價在 2015 年 9 月達到 54.7 美元的最高峰後，隨後展開猛跌，一路跌到 2017 年 11 月的 11.4 美元最低點，跌幅高達 8 成。

如果有搭配技術分析的話，雖然沒辦法賣在最高點，但至少可以賣在 2015 年 12 月的 40 美元附近，從而避開後面慘烈的跌幅。

而且在這漫長的股價下跌過程中，UA 股價月線從未站上年線，直到 2018 年 5 月 4 日才再次站上年線，也因此可以一路觀望，而不會急於進場接刀，蒙受無謂的損失。

第  章

☆☆☆☆☆☆☆☆☆☆☆☆☆☆☆☆☆☆☆☆☆☆☆☆☆☆☆☆☆☆☆☆☆☆

買特別股》
享有優先領息權

☆☆☆☆☆☆☆☆☆☆☆☆☆☆☆☆☆☆☆☆☆☆☆☆☆☆☆☆☆☆☆☆☆☆

巴菲特2度大買特別股
不論股價是否成長皆能獲利

看完有關美股的介紹以後，接著來看美國的特別股。為什麼要介紹美國特別股呢？同樣也是受到股神巴菲特（Warren Buffett）的影響，過去他曾有多次投資特別股的經驗，也替他帶來不錯的績效，分別說明如下：

案例 1》2008 年金融海嘯大舉買進高盛特別股

2008 年 9 月正值雷曼兄弟（Lehman Brothers）宣布破產，全球恐慌情緒全面蔓延，巴菲特在同年 9 月向高盛（Goldman Sachs，美股代號 GS）注資 50 億美元，取得 50 億美元的高盛特別股。

經過仔細研究以後，我發現巴菲特當時買的高盛特別股的條款相當不錯：每年須支付 10% 的股利，並包含未來 5 年內隨時可用每股 115 美元買進 50 億美元普通股的認股權證。在巴菲特獲得這些權證的時候，高盛的股價約為 125 美元，由於正值金融海嘯時期，高盛股價最低曾下跌至 2008 年 11 月的 41.25 美元，

但到了 2013 年 9 月 30 日時，高盛股價已上漲至 158.21 美元，巴菲特帳面獲利約 18 億 7,870 萬美元（50 億 ÷115×（158.21 － 115））。

巴菲特在 2009 年公布的「致股東信」中，是這麼解釋這些投資的：「去年（編按：2008 年）的投資也有積極的一面。我們購買了 145 億美元的箭牌（Wm. Wrigley Jr. Company，美股代號 WWY，2008 年 10 月 6 日被瑪氏食品、波克夏與高盛合資收購下市）、高盛和奇異（General Electric Company，美股代號 GE）的特別股。我們非常喜歡這些投資。它們自身良好的成長性讓我們對這些投資再滿意不過。作為投資的額外回報，我們還獲得了可以繼續增持這 3 家公司股份的機會。」

從信中所說可以看出巴菲特投資特別股的邏輯。首先，巴菲特要求每年必須可以領取固定股利。其次，基於公司良好的成長性，巴菲特又要求可以在 5 年內轉換為普通股，才能分享因企業成長而帶動股價上漲的果實。如此一來，即使未來成長不如預期，至少每年還是有固定股利可以領，如果未來成長真的不錯，就轉換成普通股大賺一筆，完全是「正面我贏，反面我不輸」理念的徹底實踐。

案例 2》2011 年歐債危機大舉買進美國銀行特別股

2011 年 8 月巴菲特再次進場撿便宜，以 50 億美元注資美國銀行（Bank of

America，美股代號 BAC）取得 5 億股特別股，發行條件為公司每年必須支付 6% 的股利，另外還包含每股 7.14 美元的認股權證，巴菲特有權利在未來 10 年內用每股 7.14 美元的價格買進 7 億股普通股。

巴菲特在 2017 年 8 月 29 日正式行使認股權證，當時美國銀行股價為 23.58 美元，利潤翻了至少 3 倍（23.58÷7.14）。

巴菲特在 2012 年公布的「致股東信」中，是這麼解釋這些投資的：「美國銀行此前的管理階層犯下了一些大錯誤。然而該行（編按：美國銀行）首席執行官莫尼漢（Brian Moynihan）在解決錯誤方面取得出色的進展，不過完成這一過程需要多年時間。目前，他（編按：指莫尼漢）在培養一家具有吸引力和潛力的大企業，這家企業會在今天的問題（編按：當時美國銀行有大量呆帳並面臨法律訴訟）被人們遺忘很久之後還屹立不倒。那些讓我們能夠購買 7 億美元美國銀行股份的認購權證，它們將可能在到期以前擁有巨大的價值。」

從信中所說可以看出，巴菲特投資特別股的邏輯，他認為美國銀行遇到的只是短期問題，這些問題在未來就會被人們遺忘，而公司仍然會屹立不搖。其邏輯也與 2008 年一致，首先，巴菲特要求每年必須可以領取固定股利，但基於美國銀行良好的成長性，又要求可以在 10 年內轉換為普通股，才能分享因企業成長而帶動股價上漲的果實。

如此一來，即使未來成長不如預期，至少每年還是有固定股利可以領，而如果未來成長真的不錯，就轉換成普通股大賺一筆，是「正面我贏，反面我不輸」理念的再次實踐。

我從這兩次投資特別股的案例中，發現巴菲特都是先向落難企業注資取得特別股，隨後再耐心等待公司走出營運低迷。等到企業恢復成長後，再轉換成普通股，即使股價沒上漲，也可以每年領固定配息。

雖然我們沒辦法像巴菲特一樣有如此強大的影響力，可以直接跟落難企業談那麼好的轉換條件，但我們仍然可以從中學習投資特別股的技巧，只要公司可以在未來屹立不搖，就每年開心等配息。

了解制度、類別、風險 挑出優質特別股

4-2

了解投資美國特別股的好處以後，接下來我們先來看一些特別股的基本介紹。一般來說，股票可以分為「普通股」及「特別股」兩種，大多數在市場交易的均為「普通股」，例如第 2 章、第 3 章提到的股票都是屬於這一類。

而特別股因為享有優先於普通股的權利，像是特別股在公司分配股利時，可以比普通股先領取，在公司倒閉清算時，也優先於普通股受償，因此又可以稱為「優先股（Preferred Stock）」。

特別股的性質介於普通股與公司債之間，和公司債一樣擁有固定配息，但是比起公司債，由於特別股沒有到期日，不發股利亦不算違約，安全性比公司債低，因此殖利率會較公司債高（公司債的介紹詳見第 5 章）。

就買賣方式而言，特別股和普通股一樣，都可在集中市場公開交易，不過目前（2019 年 5 月）特別股代號並沒有統一，若是透過海外券商購買特別股，通常

表 1　不同海外券商，特別股代號會略有不同
——各家海外券商特別股代號，以花旗集團特別股C-N為例

海外券商名稱	特別股代號	範例
第一證券（Firstrade）	.PR.	C.PR.N
盈透證券（Interactive Brokers）	PR	C PRN
嘉信理財（Charles Schwab）	/PR	C/PRN

註：盈透證券的 PR 前面要加空格　　資料來源：美股夢想家

會在特別股股號（普通股股號＋英文字母）中間加上「PR」（Preferred Stock 的簡稱）兩個字。以花旗集團（Citigroup，美股代號 C）發行的 C-N 特別股為例，第一證券的特別股代號為 C.PR.N。由於各家海外券商對於美國特別股的股票代號不一，投資人可以參考表 1 的寫法輸入特別股的股票代號。

制度》認識 5 名詞，優先考慮配「利息」的特別股

看完特別股的基本介紹以後，接著，我們先來看 5 個操作特別股時一定要知道的名詞：

1.票面價值、票面利率

票面價值（Face Value）即是特別股發行時的價值，票面利率（Coupon Rate）

則是票面配息占特別股票面價值的百分比，絕大多數特別股的票面價值均為每股 25 美元。

例如 A 公司發行票面價值 25 美元，並約定票面利率為 8% 的特別股，表示若持有 1 股 A 公司 25 美元票面價值的特別股，每年可以領取 2 美元（25×8%）的配息。但是該檔特別股並不會一直以票面價值交易，會隨著市價波動，若公司信用狀況正常，通常會在 25 美元附近上下波動。

一般來說，票面利率均是固定的，但某些特別股發行的是浮動利率，例如花旗集團發行的 C-N 特別股即為浮動利率，發行利率為 3 個月美元 Libor（倫敦銀行同業拆放利率）＋ 6.37%，以目前（2019 年 5 月）來說，此檔特別股發行利率即為 8.89%（2.52% ＋ 6.37%）。

投資固定利率特別股的好處是配息穩定可預期，但若遇上美國聯準會（Fed）升息時，固定利率特別股價格就會承受壓力；而浮動利率特別股的好處是配息可隨聯準會升息而增加，可有效減少利率風險，但若遇上聯準會降息時，投資浮動利率特別股的配息會隨之減少。

2.到期日、回購日

大多數特別股沒有到期日（Maturity Date），但若本質為債券的特別股則有到

期日。所謂「到期日」意指公司在到期日這天必須依票面價值償還債務，而在到期日前債權人則有領取利息的權利，若未依約償還債務即為「違約」，為了避免對公司營運產生重大影響，通常公司會盡可能避免違約。

而「回購日（Call Date）」則代表過了回購日後，公司就可以依照發行規定，隨時以發行價格（通常為 25 美元）買回特別股。所以投資人要注意避免用 25 美元以上的價格買進特別股，以免公司在回購日後用 25 美元贖回特別股時，投資人因而產生資金虧損。

回購日與到期日的最大不同在於，回購日沒有任何強制力，公司不一定會在回購日這天買回，只代表了過這天之後可隨時由公司決定是否買回。

3.股利、利息

特別股因其發行內容不同，可將配息類型區分為「股利」（Dividend）及「利息」（Interest），大多數特別股配息類型均為股利，而少數特別股則因本質為債券，配息類型為利息，但大多數網站並未細分兩者，均混合標示為特別股。

股利及利息最大差別在於稅負及安全性的差異，由於利息不扣稅，因此投資配息類型為「利息」的特別股，實際拿到的配息會更高，而且安全性也比發放股利的特別股更高。

因為配息類型為「利息」的特別股，其本質即為債券，所以若公司未依約定發放利息即為「違約」，將造成公司債務重整或破產保護等，對營運產生重大影響，所以公司會盡可能避免違約。而配息類型為「股利」的特別股則隨時可停發，也不會對公司營運造成明顯影響。所以在投資特別股時，我會優先考慮配息類型為「利息」的特別股。

4.可累積特別股、不可累積特別股

可累積特別股（Cumulative Preferred Stock）是指當公司今年度因為虧損而未配發股利時，特別股股東的股利「可以」持續累積，若未來公司有盈餘時，「必須將虧損年度的股利補發給特別股股東」。

不可累積特別股（Non-Cumulative Preferred Stock）則是指當公司今年度因為虧損而未配發股利時，特別股股東的股利「不可以」持續累積，若未來公司有盈餘時，「公司也不會補發虧損年度的股利給特別股股東」。

由於可累積特別股對股東較有保障，所以通常發行利率較低，價格也會較高，但須注意可累積特別股不代表一定會補發股利，仍視未來公司獲利情形而定，所以我在挑選特別股時，並不會因為是可累積特別股就願意高價買進。因為若公司真的停發特別股股利時，往往公司營運狀況已相當危險，屆時特別股價格勢必也相當低，為了「可累積」的保證而以較高價格買進，我覺得不太值得。

5.可轉換特別股、不可轉換特別股

絕大多數的特別股均屬於不可轉換特別股（Non-Convertible Preferred Stock），但少數特別股在發行時會載明轉換條件及轉換價格，使公司在滿足某些條件時，可將特別股轉為普通股，也就是可轉換特別股（Convertible Preferred Stock）。

例如富國銀行（Wells Fargo & Co，美股代號 WFC）發行的 WFC-L 特別股，發行面額為 1,000 美元（編按：大多數特別股發行面額為 25 美元），並擁有隨時可以每股 156.71 美元的價格取得 6.3814 股的普通股認股權。目前（2019年 5 月）富國銀行的股價為 45.05 元，現在行使認股權顯然不划算。

由於可轉換特別股通常票面利率較低，而且轉換條件受到普通股的股價影響，大多數可轉換特別股的轉換條件也不太好，基於預測難易度的考量，通常我比較少購買。

搞懂上面 5 個名詞之後，就可以對特別股有初步的了解，我認為投資特別股可以優先考慮配息類型為利息的特別股，安全性比一般特別股更高。另外，注意避免用 25 美元以上的價格買進特別股，以免公司在回購日後用 25 美元贖回特別股時，投資人會產生資金虧損。至於如何查詢特別股的基本資料，詳見 p.162 的圖解教學。

類別》共分 3 類，可優先考慮交易所交易債

看完特別股必須注意的名詞之後，接著來看特別股的種類。一般來說，特別股依性質不同，大致可分為以下 3 類：

1. 傳統特別股

依據 QuantumOnline 統計，目前美國共發行 675 檔傳統特別股（Traditional Preferred Stocks），絕大多數的特別股都屬於此類。從字義上可以得知，這是最傳統的特別股，發放的配息屬於「股利」。

若是美國公司發行的特別股，必須扣除配息稅 30%。若是非美國公司發行的特別股，則配息稅率依發行國家而定。

基於節稅考量，我沒有買過美國公司發行的傳統特別股，僅持有一些外國公司發行的特別股，例如滙豐銀行控股特別股 HSBC-A，因為英國政府對股利並不課稅，因此有很好的稅負優勢。

2. 交易所交易債

交易所交易債（Exchange-Traded Debt，ETD）顧名思義是在證券交易所直接交易的債券，依據 QuantumOnline 統計，目前美國共發行 192 檔交易所交易債，

這是除了傳統特別股以外最多的類別。

　　一般來說，債券都在債市交易，而 ETD 則在證券交易所交易，通常債券發行面額為 1,000 美元，而 ETD 發行面額較小，大多為 25 美元，所以又叫「Baby Bonds」。ETD 的好處是資金門檻低，小資族也能輕鬆入手，而且領取的配息是利息，因此美國政府不課稅。

　　例如 CTBB 就是世紀電信（CenturyLink）子公司 Qwest Corporation 發行的債券，於 2056 年 9 月 1 日到期，目前（2019 年 5 月）價格約 22.79 美元，意指投資人可用新台幣約 684 元（22.79×30）的價格買進，並領取穩定配息。

　　不過須注意的是，許多 ETD 的到期年限都相當長，以 CTBB 來說到期時間將近 40 年，由於到期時間比一般公司債更長，相對也要承受更大的營運風險。

　　總結來說，投資 ETD 的好處是安全性比傳統特別股高，因為 ETD 本質為債券，所以若公司未依約定發放利息，即為「違約」，將對公司營運產生重大影響，所以公司會盡可能避免違約，在投資特別股時，我認為 ETD 可以優先考慮。

3.信託特別股、第三方信託特別股

　　依據 QuantumOnline 統計，目前美國共發行 28 檔信託特別股（Trust Preferred

Securities）及 30 檔第三方信託特別股（Third Party Trust Preferred），共 58 檔信託特別股。

　　信託特別股的性質介於股票與債券之間，主要視信託特別股連結標的而定，例如花旗集團信託特別股 C-N 是指花旗集團先建立一個信託對其發行債券，然後該信託向投資者發行特別股，也因此其信託特別股發放的配息為「利息」，不用課稅。不過並非所有信託特別股連結標的都是債券，仍需視發行條件而定。由於此類特別股種類較少，可選擇的優秀標的也會相對較少。

　　從上述 3 大種類特別股可得知，絕大多數的特別股都屬於傳統特別股，若是美國公司發行的特別股，配息須課 30% 稅，所以在研究特別股時，我認為可以 ETD 為主要研究目標，一來配息不課稅，二來安全性也更高。

風險》分散配置不同產業、企業標的，有效減少風險

　　既然特別股是投資工具，當然也是有風險的，下面我就來說明投資特別股可能會碰到的 3 種風險：

1.在空頭市場沒有「保護」作用

　　特別股雖然比普通股更具配息穩定、波動較小之優勢，但是特別股每股面額大

| 表2 | 交易所交易債配息屬利息性質，因此不需課稅 |

——3類特別股比較表

項目	傳統特別股	交易所交易債	信託特別股、第三方信託特別股
英文名	Traditional Preferred Stocks	Exchange-Traded Debt	Trust Preferred Securities、Third Party Trust Preferred
數量（檔）	675	192	58
定義	即一般的特別股	在證券交易所直接交易的債券	指公司先建立一個信託，然後該信託向投資者發行特別股
股利／利息	股利	利息	視連結標的而定
課稅與否	美國公司發行的特別股須扣除配息稅30%；非美國公司發行的特別股配息稅率則依發行國家而定	不課稅	視連結標的而定
舉例	滙豐銀行控股特別股HSBC-A	世紀電信債券CTBB	花旗集團信託特別股C-N
評價	基於節稅考量，可持有外國公司發行的低稅率特別股	安全性比傳統特別股高，而且利息不課稅，可以優先考慮投資	種類較少，可選擇的優秀標的也相對較少

資料來源：QuantumOnline

多為 25 美元，若公司正常發放配息，股價一般就只會在 25 美元上下波動，即使景氣再好，也很難再漲更多；相比之下，普通股雖然波動較大，但是上漲空間也更大。

　　而且，特別股不只不跟漲，還可能跟著大跌，若公司遭遇重大營運危機或市場面臨系統性風險時，除了普通股鐵定大跌外，特別股也可能從 25 美元跌到 10 美元以下。

　　以我手中持股為例，德意志銀行（Deutsche Bank）特別股 DKT 在金融海嘯時期就曾經從 25.35 美元（2008 年 8 月 25 日盤中高點）跌到 7.5 美元（2009 年 3 月 9 日盤中低點），而且隨後在 2010 年、2011 年、2016 年也都曾跌到 25 美元以下（詳見圖 1）。

　　其實，德意志銀行是全球最大銀行之一，也是德國最大銀行，以德意志銀行營運地位來說，其實不用過度擔心倒閉問題，下跌時反而是不錯的買點。

　　但即使身處重要地位，在市場恐慌時，德意志銀行特別股一樣不耐跌，因此在投資前一定要先了解，特別股的特性是以領取穩定配息為主，而不是賺取價差的投資工具。

2.利率風險

　　當銀行存款利率愈高時，投資人要求的特別股利率自然愈高，也因此造成特別股價格下跌。因此，當利率上升時，特別股價格容易下跌；利率下降時，特別股價格容易上升。

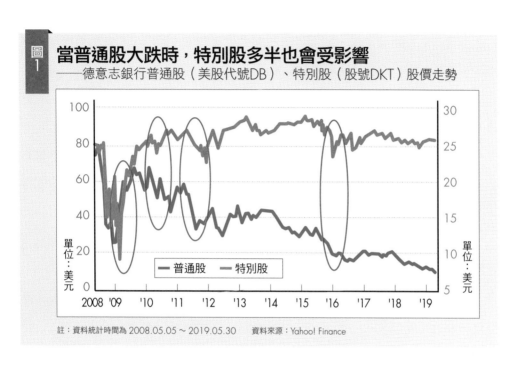

圖1　當普通股大跌時，特別股多半也會受影響
——德意志銀行普通股（美股代號DB）、特別股（股號DKT）股價走勢

註：資料統計時間為 2008.05.05～2019.05.30　　資料來源：Yahoo! Finance

　　不過利率上升雖然可能導致特別股價格下跌，但特別股持有人未必會蒙受損失，因為利率是波動的，只要未來長期利率水準低於特別股票面利率，那特別股股價還是會往面額 25 美元接近，而不會下跌太多。

　　目前（2019 年 5 月）美國特別股票面利率大約介於 6%～8% 之間，相比美國 10 年期公債殖利率僅約 2.27%，我認為特別股長期來說仍然有相當程度的吸引力。

若投資浮動利率特別股，那面對的利率風險會更低，因為配息會隨著聯準會基準利率調整，價格較不易受利率影響。

3.公司提前贖回風險

許多特別股都允許公司可以提前以發行價格贖回，如此將使特別股持有人被迫出售特別股，若買進成本在發行價格之上，更可能面臨虧損，也失去後續領取穩定配息的機會。

例如滙豐銀行控股（HSBC Holdings）、美國銀行、巴克萊銀行（Barclays）在 2018 年時，就不約而同宣布要將發行的特別股在 2018 年 6 月 4 日（滙豐銀行控股特別股 HSEA、HSEB）、6 月 6 日（美國銀行特別股 CFC-B）及 12 月 15 日（巴克萊銀行特別股 BCS-D）召回。這幾檔都屬於不課稅的優質特別股，對投資人來說還滿可惜的。

然而公司何時贖回特別股難以預期，只能買進不同公司特別股的方式來分散風險，且記得以低於發行價格來購買。

綜觀上述，雖然說投資特別股面臨的風險並不少，但是只要投入長期資金，並且分散購買不同產業、企業的特別股，避免單一企業倒閉而蒙受過大損失，就能有效減少許多風險。

　　不過，特別股經常面臨公司提前贖回的問題，例如我原本特別股比重配置約10%，但隨著手上特別股持續被召回，現在投資特別股比重僅占總資產5%，目前（2019年5月）大多數資產以普通股及公司債為主。但投資特別股最大好處就是資金門檻非常低，可以用小額資金享受穩定配息的好處，只要把領到的配息再滾入資產，就可享有複利效果，產生愈來愈多的被動收入。

圖解教學 如何查詢特別股基本資料？

 STEP 1 利用QuantumOnline網站（www.quantumonline.com）就可以查詢各式各樣的特別股。首先，在QuantumOnline首頁右方搜尋欄輸入特別股股號，此處以富國銀行發行的其中一檔特別股❶WFC-O為例。接著，按下❷「Search（搜尋）」。

Session.supporter not defined

QuantumOnline.com is your best source on the Internet for completely unbiased
information on preferred stocks and other exchange-traded income

Quick Search

WFC-O ❶

by Ticker Symbol ▾

Search ❷

 STEP 2 接著，就可以看到富國銀行特別股的基本資料。可以看出，WFC-O是一檔❶非累積特別股（Non-Cumulative），❷票面利率、每年股利分別為5.125%（5.13%為網頁自動進位顯示）、1.28125美元（25×5.125%），❸發行價格為25美元。❹回購日是2017年12月15日，目前（2019年5月）已過回購日，代表富國銀行可隨時收回此檔特別股。❺股利發放日期是每年的3月15日、6月15日、9月15日和12月15日，平均每次可領股利0.3203125美元（1.28125÷4）。

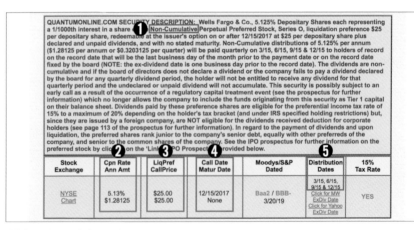

QUANTUMONLINE.COM SECURITY DESCRIPTION: Wells Fargo & Co., 5.125% Depositary Shares each representing a 1/1000th interest in a share of ❶ Non-Cumulative Perpetual Preferred Stock, Series O, liquidation preference $25 per depositary share, redeemable at the issuer's option on or after 12/15/2017 at $25 per depositary share plus declared and unpaid dividends, and with no stated maturity. Non-Cumulative distributions of 5.125% per annum ($1.28125 per annum or $0.3203125 per quarter) will be paid quarterly on 3/15, 6/15, 9/15 & 12/15 to holders of record on the record date that will be the last business day of the month prior to the payment date or on the record date fixed by the board (NOTE: the ex-dividend date is one business day prior to the record date). The dividends are non-cumulative and if the board of directors does not declare a dividend or the company fails to pay a dividend declared by the board for any quarterly dividend period, the holder will not be entitled to receive any dividend for that quarterly period and the undeclared or unpaid dividend will not accumulate. This security is possibly subject to an early call as a result of the occurrence of a regulatory capital treatment event (see the prospectus for further information) which no longer allows the company to include the funds originating from this security as Tier 1 capital on their balance sheet. Dividends paid by these preference shares are eligible for the preferential income tax rate of 15% to a maximum of 20% depending on the holder's tax bracket (and under IRS specified holding restrictions) but, since they are issued by a foreign company, are NOT eligible for the dividends received deduction for corporate holders (see page 113 of the prospectus for further information). In regard to the payment of dividends and upon liquidation, the preferred shares rank junior to the company's senior debt, equally with other preferreds of the company, and senior to the common shares of the company. See the IPO prospectus for further information on the preferred stock by clicking on the 'Link to IPO Prospectus' provided below.

Stock Exchange	Cpn Rate Ann Amt ❷	LiqPref CallPrice ❸	Call Date Matur Date ❹	Moodys/S&P Dated	Distribution Dates ❺	15% Tax Rate
NYSE Chart	5.13% $1.28125	$25.00 $25.00	12/15/2017 None	Baa2 / BBB- 3/20/19	3/15, 6/15, 9/15 & 12/15 Click for MW ExDiv Date Click for Yahoo ExDiv Date	YES

資料來源：QuantumOnline

依據經濟景氣情況
選擇特別股投資方式

看完特別股的基本介紹以後,接著來看特別股的投資方式。與普通股類似,特別股在景氣熱絡和景氣衰退時會有不一樣的投資方式,分別說明如下:

景氣熱絡》買進「永續經營」特別股

當景氣熱絡時,特別股所能貢獻的報酬比較有限,主要以「領取穩定現金流」為主。此時投資人的考量點就是能不能一直領配息,也就是公司能否永續經營,只要公司能一直經營下去,就算未來遇到景氣衰退,特別股價格大跌時,反而是逢低買進的機會。

至於如何判斷一家公司是否能永續經營,我認為必須符合 3 個條件:

1. 擁有特許經營地位,其經營成敗攸關全球金融穩定。
2. 擁有足夠長的營運歷史,即使經歷過無數次景氣衰退仍屹立不搖。

表 1	**2017年總資產前20大銀行，其中11家為歐、美銀行** ——2017年全球銀行總資產規模排名		
排名	國家	銀行名稱	總資產（億美元）
1	中國	中國工商銀行	40,055.8
2	中國	中國建設銀行	33,971.3
3	中國	中國農業銀行	32,326.8
4	中國	中國銀行	29,891.6
5	日本	三菱UFJ金融集團	27,738.2
6	美國	摩根大通集團	25,336.0
7	英國	滙豐控股有限公司	25,217.7
8	法國	法國巴黎銀行	23,481.1
9	美國	美國銀行	22,812.3
10	中國	國家開發銀行	22,018.6

註：資料查詢時間為 2019.04.30　　資料來源：Relbanks.com

3. 經營業務為人民基本需求，在可見的未來該項需求仍然持續存在。

若用以上 3 點去檢視的話，可以發現符合標準的公司很少。但由於金融業大多需要政府監管，符合上述條件的機率大增，因此，我們可以從金融業尋找合適標的。鎖定金融業為目標以後，我們可以先從各國指標性銀行找起。

根據 Relbanks.com 公布的「2017 年全球銀行總資產規模排名」表中可以看出，

排名	國家	銀行名稱	總資產（億美元）
11	法國	法國農業信貸銀行	21,120.4
12	美國	富國銀行集團	19,517.6
13	日本	郵貯銀行	18,735.0
14	日本	瑞穗金融集團	18,501.0
15	日本	三井住友金融集團	18,474.7
16	美國	花旗集團	18,430.6
17	德國	德意志銀行	17,668.5
18	西班牙	桑坦德銀行	17,300.8
19	英國	巴克萊銀行	15,288.9
20	法國	法國興業銀行	15,274.3

前 20 名有 11 家銀行屬歐美國家，另 5 家銀行為中國、4 家銀行為日本，所以我認為可以優先從歐美國家選起，行有餘力再分析其他國家（詳見表 1）。

就我觀察，目前（2019 年 5 月）能符合上述 3 個「永續經營」條件，且配息又可同時免稅的特別股如下：

1. **滙豐銀行控股**（HSBC Holdings，**美股代號 HSBC**）：成立於 1865 年，

英國最大銀行，其所發行的特別股 HSBC-A，因為發行國家為英國，而英國政府對股利不課稅，所以這檔特別股的股利不需課稅。

2. 花旗集團（Citibank，美股代號 C）：成立於 1812 年，美國第四大銀行，其所發行的信託特別股 C-N，由於屬債券性質，利息不課稅。

3. 德意志銀行（Deutsche Bank，美股代號 DB）：成立於 1870 年，德國最大銀行，其所發行的信託特別股 DKT，由於屬債券性質，利息不課稅。

以上 3 家銀行，營運歷史都相當長，短則 100 多年，長則超過 200 年，成功度過無數次景氣衰退，因此，當未來景氣再次衰退時，3 家銀行可以順利度過的機率很高。即使買進後股價下跌，只要咬牙撐過去，股價還是能順利回漲，甚至可以趁機逢低買進。

這些銀行在當地國家也都是指標性的銀行，其影響力更是擴及全世界，若未來發生金融危機，這些指標性銀行出現倒閉危機時，獲得政府紓困機率很高。因為只要其中一家銀行倒閉，就可能出現骨牌效應，而危及全球金融穩定，這往往不是政府所樂見的。

當然事情沒有絕對，以雷曼兄弟（Lehman Brothers）為例。雷曼兄弟成立於 1850 年，曾經是世界第四大投資銀行，卻在 2008 年金融海嘯時砰然倒下。當時美國財政部、美國銀行（Bank of America）及英國巴克萊銀行（Barclays）都

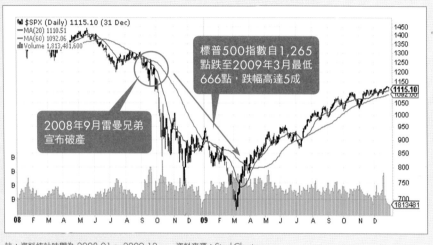

圖1 **雷曼兄弟宣布破產後，S&P 500隨之重挫**
── 標普500指數股價走勢圖

標普500指數自1,265點跌至2009年3月最低666點，跌幅高達5成

2008年9月雷曼兄弟宣布破產

註：資料統計時間為2008.01 ~ 2009.12　　資料來源：StockChart

曾出面收購談判，可惜最後談判失敗，雷曼兄弟只能在2008年9月宣布申請破產保護，也因此造成當時金融市場劇烈恐慌，引起市場嚴重下挫，標普500指數（S&P 500）自1,265點，跌至2009年3月最低666點，跌幅高達5成（詳見圖1）。

因此，投資人最重要的還是做好資金控管，永遠不重壓任何一檔特別股，才可以持盈保泰。投資不是比誰賺得快，而是比誰賺得久，只要在投資市場賺得

久，久了自然賺得比別人多。

景氣衰退》買進「短期受難」特別股

　　當景氣衰退時，投資人可以尋找「短期受難」特別股，也就是發行該檔特別股的公司雖然不符合「永續經營」的 3 項條件，但其所發行的特別股價格已受空頭來襲影響而大幅下滑，這時如判斷短期內公司倒閉機會不高，就可勇於買進，既賺「股利」又賺「價差」。例如巴菲特在 2008 年金融海嘯時選擇注資高盛銀行（Goldman Sachs），以及 2011 年歐債危機時選擇注資美國銀行，也都是基於相同的考量。

　　與投資「永續經營」特別股可從金融業找標的不同，投資人可以使用兆豐證券整理的「【特別股】大全集」來找「短期受難」特別股。由於檔案全部都是中文，因此篩選起來非常輕鬆寫意，幾個步驟就可以開始打造自己的穩定現金流（查詢方式詳見 6-2）。

　　找出「永續經營」或「短期受難」特別股後，下一步就是確保其股利可以持續發放。由於特別股的配息發放權是在普通股之前，因此，最簡單的方式就是「查詢普通股能否持續發放股利」，只要過去每年普通股都有持續發放股利，就表示特別股也能持續發放配息（查詢方式詳見 6-2）。

投資實戰解說》
國際航運Costamare特別股

4-4

看完前面幾節的理論說明以後，下面就以我 2017 年 3 月投資 Costamare 航運特別股 CMRE-B 為例向大家說明，該如何運用 4-3 方式挑選「短期受難」特別股。最大判斷重點就是「短期內公司不會倒閉」，只要確認公司不會倒閉，就開心等配息，若運氣不錯還有機會賺到價差。

營運狀況分析》出租船舶＋簽訂長約，營收較穩定

Costamare 是一家國際貨櫃航運的船東，美股代號是 CMRE，主要出租旗下船隻給定期航運公司。通常航運產業屬於景氣循環產業，受景氣影響很大，但 Costamare 營運模式以出租船舶並簽訂長約為主，因此對景氣循環的敏感度會比較低，除非景氣低潮持續相當長的時間，否則營業收入通常會較為穩定。

我在 2017 年 3 月注意到這一檔特別股時，當時航運業景氣受原物料暴跌影響才剛復甦不久，也因此產生投資獲利的機會。

表1	Costamare為一檔傳統特別股

Costamare特別股簡介

項目	說明
發行人	Costamare
股票代號	CMRE-B
類型	傳統特別股（Traditional Preferred Stock）
票面利率（%）	7.65
票面價值（美元）	25
年度配息（美元）	1.90625
單次配息（美元）	0.4765625
到期日	無
回購日	2018.08.06
回購價（美元）	25
配息類型	股利
配息支付時間	01.15、04.15、07.15、10.15
是否扣稅	因註冊國為馬紹爾群島屬免稅國家，所以不課稅
價格（美元）	21.17（2017.03.22）
殖利率（%）	9

註：資料查詢時間為 2017.03.22　資料來源：QuantumOnline

　　觀察 Costamare 過去 10 年（2007 年到 2016 年）財務狀況可以發現，它的營業收入還算穩定，2015 年開始受航運景氣趨緩影響，營業收入持續下滑（從 2015 年的 4 億 9,000 萬美元下滑至 2016 年的 4 億 6,800 萬美元），但下滑速度還算可以接受（詳見圖 1）。投資特別股不求成長，只要公司不倒閉，可以

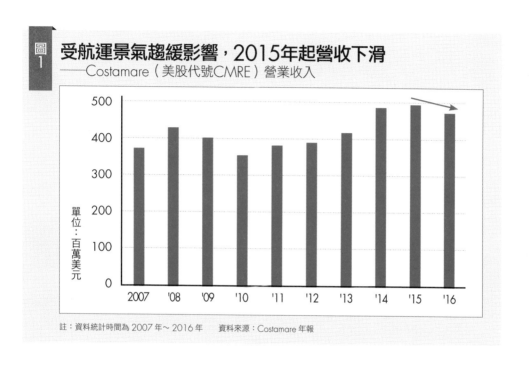

圖1 受航運景氣趨緩影響，2015年起營收下滑
——Costamare（美股代號CMRE）營業收入

單位：百萬美元

註：資料統計時間為 2007 年～ 2016 年　　資料來源：Costamare 年報

一直配息就好。

　　不過，航運產業競爭非常激烈，許多船東都可以提供與 Costamare 類似的服務。雖然 Costamare 營運模式以簽訂長約為主，但客戶可隨時因景氣不佳或各種因素解除合約，屆時 Costamare 只能拿到違約金，而無法拿到預期收入。

　　此外，航運產業屬高度景氣循環產業，獲利受景氣波動影響甚大，當時能取得

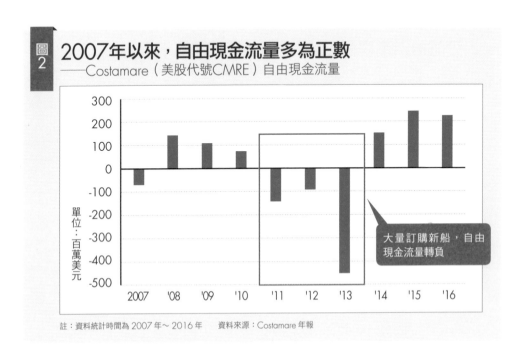

圖2 **2007年以來，自由現金流量多為正數**
——Costamare（美股代號CMRE）自由現金流量

大量訂購新船，自由現金流量轉負

單位：百萬美元

註：資料統計時間為 2007 年～ 2016 年　　資料來源：Costamare 年報

的最新財報為 2016 年第 4 季，Costamare 帳上現金只有 1 億 6,500 萬美元，低於短期借款 1 億 9,800 萬美元，若未來自由現金流量為負，就可能有倒閉風險。

Costamare 在 2016 年自由現金流量為 2 億 2,400 萬美元，扣除 2011 年、2012 年和 2013 年因大量訂購新船自由現金流量轉負影響（詳見圖 2），過去幾年平均自由現金流量約 1 億 5,000 萬美元。預期未來隨航運景氣趨緩，公司會持續縮減資本支出，自由現金流量應可維持正數，必要時，公司也可以將船隻出

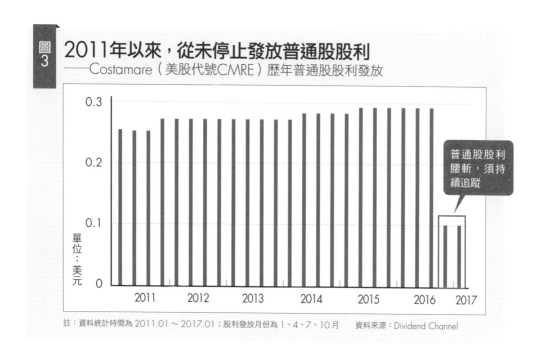

圖3 2011年以來，從未停止發放普通股股利
——Costamare（美股代號CMRE）歷年普通股股利發放

普通股股利腰斬，須持續追蹤

單位：美元

註：資料統計時間為 2011.01 ～ 2017.01；股利發放月份為 1、4、7、10 月　　資料來源：Dividend Channel

售換得現金，因此短期內倒閉機會應該不高。

股利發放紀錄》持續發放普通股股利，紀錄良好

確認 Costamare 短期內不會倒閉後，接著查詢 Costamare 過去發放股利紀錄，發現 Costamare 自 2011 年以來從未停止發放普通股股利（詳見圖 3）。由於特別股配息領取順序高於普通股，所以投資特別股應是相對安全的投資。

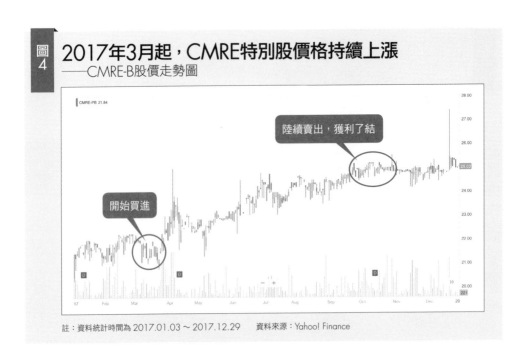

圖
4

2017年3月起，CMRE特別股價格持續上漲
——CMRE-B股價走勢圖

CMRE-PB 21.84

陸續賣出，獲利了結

開始買進

註：資料統計時間為 2017.01.03 ～ 2017.12.29　　資料來源：Yahoo! Finance

不過進一步觀察的話，可以看出自 2016 年 10 月後普通股股利就腰斬了，自 7 月的 0.29 美元降至 10 月的 0.1 美元，調降幅度接近 7 成，未來須持續追蹤股利發放情形，若普通股股利停止發放應視為重大警訊，可以考慮減碼特別股。

結論》受惠景氣持續復甦，買進可望股利、價差雙賺

從前述分析來看，Costamare 短期內倒閉機會不高，可以領取穩定股利，加上

當時 CMRE-B 股價大約只有 20 美元出頭，離票面價值 25 美元還有一段距離，換算殖利率約 9%（1.90625÷21.17×100%），若未來景氣持續復甦，還有機會賺到價差。

也因此我在 2017 年 3 月份時開始買進 CMRE-B（詳見圖 4），此後 CMRE-B 價格迅速上升，2017 年 10 月份時就漲回接近票面價格 25 美元。考量航運業屬於景氣循環產業，特別股價格波動也會較大，我陸續獲利了結，加計 7 個月內領取的 3 次配息（4、7、10 月），總計報酬約 25%（（25＋0.4765625×3）÷21.17－1）×100%）。

第 **5** 章

☆☆☆☆☆☆☆☆☆☆☆☆☆☆☆☆☆☆☆☆☆☆☆☆☆☆☆☆☆

買公司債》
打造穩定現金流

☆☆☆☆☆☆☆☆☆☆☆☆☆☆☆☆☆☆☆☆☆☆☆☆☆☆☆☆☆

跟著股神計算報酬與風險比 錢進獲利潛力大的公司債

5-1

通常說到股神巴菲特（Warren Buffett），大家都會認為他只擅長投資股票，其實巴菲特也曾投資特別股或債券。特別股的部分我在 4-1 已經提過，這裡來看巴菲特於 2002 年時買進亞馬遜（Amazon，美股代號 AMZN）發行的某一檔債券。

票面利率高、管理階層佳，2002 年買進亞馬遜債券

該檔債券是在 1998 年發行，於 2008 年 5 月到期，票面利率 10%，前 5 年不支付利息，自 2003 年 11 月開始支付 10% 的利息，但亞馬遜可提前於 2003 年 5 月 1 日起以 1,050 美元的價格回購債券。

由於 2002 年正值網路泡沫破裂時期，當時美國聯準會（Fed）已將基準利率降至 2% 以下，比起亞馬遜債券的 10% 票面利率低很多，加上當時亞馬遜持有現金約 3 億美元，而且已經從市場上回購 2 億 6,000 萬美元的債券，所以亞馬遜非常有可能回購該檔債券以降低資金成本。此外，巴菲特對亞馬遜執行長貝佐斯

（Jeff Bezos）也相當欣賞，認為他是非常優秀的執行長。

　　基於上述考量，巴菲特決定以 9,830 萬美元購買亞馬遜發行的債券，當時亞馬遜債券約以票面價值 90% 的價格交易（每單位票面價值 1,000 美元），也就是 900 美元，巴菲特共買了 10 萬 9,239 單位。

　　巴菲特推算，若亞馬遜在 2003 年 5 月提前回購該檔債券，將可產生 17% 的年化報酬率（（1,050÷900 － 1）×100%）。

　　巴菲特曾在 2003 年公布的「致股東信」中，說明他對投資亞馬遜這類垃圾債券的想法：

　　「去年（編按：2002 年）我們對一些『垃圾』債券和貸款進行明智的投資。總的來說，我們在這個領域的投資多了 6 倍，年底時達到 83 億美元。投資於垃圾債券和投資股票在某種程度上是相似的：這兩項活動都要求我們進行價格及價值的計算，同時搜尋數百種證券，找到極少數具有吸引力的報酬／風險比率。

　　但是這兩個學科之間也有重要的區別。在股票方面，我們期望每一項投資都能有很好的結果，因為我們專注於具有強大競爭優勢、舉債保守、由優秀和誠實的經理人經營的企業。如果我們以合理的價格買入這些公司，虧損應該是罕見的。

事實上，在我們管理公司 38 年（編按：1965 年～ 2003 年）的事務中，我們在波克夏管理的股票（不包含通用再保險（General Re），以及蓋可（GEICO）管理的股票）的收益及虧損比例，超過了 100 比 1。

我們正在處理更為邊緣化的企業——購買垃圾債券。這些企業通常負債過重，經常在資本回報率低的產業經營。此外，管理的品質有時是可疑的。管理階層甚至可能與債務人有直接相反的利益。因此，我們預計在垃圾債券上偶爾會有大的損失。但到目前為止（編按：2003 年），我們在這方面做得相當不錯。」

在 2004 年公布的「致股東信」中，巴菲特再次說明他對投資亞馬遜這類垃圾債券的想法：「如果特定的債券夠吸引人，就像是 2002 年一樣，我們就會買進滿手的這類債券，而不管市場或經濟狀況如何。我們隨時都很樂意買進符合我們標準的企業，而且規模愈大愈好。目前（編按：2004 年）我們的資金並未被充分利用，這種情況時而有之，雖然這讓人感到不太好受，但那總比幹蠢事好得多。」

從上述例子可以看出，巴菲特不只是擅長投資股票，而是會仔細衡量各種投資產品的報酬／風險比率，選擇勝算最高的投資，巴菲特本身對科技產業不熟悉，他在 2002 年時也不確定亞馬遜可以在未來成為如此強大的企業，但他至少確定亞馬遜不會輕易違約，因此他選擇投資亞馬遜債券，而不是亞馬遜股票，去獲取他能力範圍內所能得到的最大報酬。

　　另外，從巴菲特歷年公布的「致股東信」中，也可以發現巴菲特投資債券與股票的細微差異，巴菲特喜歡買優秀公司的股票以及普通企業的債券，所以我投資債券也喜歡從普通公司找起，若要選擇優秀公司，直接買股票的報酬／風險比率會更高。

了解制度、優勢、風險
安穩領公司債配息

5-1 有提到，巴菲特認為，如果特定的債券夠吸引人，就會買進滿手的這類債券。對我來說也是一樣，只要債券的條件夠吸引我，我就會買進。

話雖如此，我剛開始研究債券時，也曾經遇到一些困難，畢竟債券對台灣投資人來說，是相對陌生的領域。但我後來發現，其實生活中就有許多債券的例子。例如小明曾經向你借 100 元，但每次催小明還錢他總是不還，於是你決定以後借錢給別人時不再口說無憑，改以書面約定要計算多少利息以及什麼時候還錢，如此的書面約定其實就是「債券」。

而我們一般提到的「債券」，指的大多是政府或企業向社會大眾借錢的借據，其中由政府發行的債券稱為「公債」，由企業發行的債券稱為「公司債」。

就公債而言，其利息及本金的償還皆由政府擔保。由於政府倒閉機率不高，因此發行利率通常較低，普遍被視為無風險資產。當股市下跌時，資金容易從波動

大的股市流入相對穩定的公債市場，使得公債價格較易上揚，與股市呈現反向關係。然而，公債價格通常受利率變動影響較大，當銀行存款利率上升時，投資公債的意願自然減低，造成公債價格因此下跌。

就公司債而言，其利息及本金的償還皆由企業擔保。由於企業倒閉機率遠較政府高，因此發行利率也較公債高。與投資股票相比，投資股票必須要公司獲利成長才能賺錢，而投資債券只要公司不違約就能賺錢。

由於美國股市自 2009 年起漲以來，多頭已將近 10 年，隨著牛市循環可能接近尾聲，預計美國公債在未來幾年會成為資金避風港。若想獲取更高的報酬率，則可以考慮投資公司債，但就要深入閱讀財報，分析公司營運狀況，判斷違約風險後再決定是否買進。由於我覺得投資就像尋寶解謎，閱讀財報就像看寶藏圖一樣有趣，所以我目前都以投資公司債為主。

制度》認識 5 名詞，挑選 5 年內到期、B 級以上的公司債

看完債券的基本介紹以後，接著先來看 5 個操作債券一定要知道的名詞：

1.票面價值、票面利率

票面價值（Face Value）即是債券發行時的價值，票面利率（Coupon Rate）則

是票面利息占債券票面價值的百分比，例如 A 公司發行票面價值 1,000 美元，並約定票面利率為 6.5% 的債券，表示若持有 A 公司 1,000 美元票面價值的公司債，每年可以領取 65 美元（1,000×6.5%）的利息。

　　由於 1 張債券最小票面價值通常為 1,000 美元，所以在交易債券時，至少需投資 1,000 美元票面價值的債券，但債券並不會總以票面價值交易，每天價格會隨著市場波動。需注意的是，債券最小交易單位是 1 張，但債券的報價是以「美分」（1 美分為 0.01 美元）為單位，因此投資人須將報價換算成美元後再乘上 1,000，才是需投入的金額。例如星巴克（Starbucks）2047 年 12 月 1 日到期的債券，目前（2019 年 5 月 29 日）報價 93.3 美分（即 0.933 美元），若打算持有 1,000 美元票面價值的債券，至少需投入 933 美元（0.933×1,000）。

2. 到期日、回購日

　　到期日（Maturity Date）是債券最重要的特徵，到期日時公司必須依票面價值償還債務，而在到期日前債權人則有領取利息的權利。到期日距今愈久的公司債，雖然殖利率會較高，但價格波動度也會加大。而且到期日愈遠，面臨營運變數愈多，對於未來還款能力也較難確定。因此，我認為挑選 5 年內到期的公司債比較合適。

　　此外，有些公司債還會附加可以修改到期日的條款，可使公司提前回購債券。

這樣的條款指的就是「回購日」（Call Date）。過了回購日以後，公司就可隨時依條款約定買回債券，通常公司的買回價格是票面價值加計部分利息。

因此，若是遇到有回購條款的債券時，要注意避免買在票面價值以上，以免公司提前回購而產生虧損。

另外，需注意回購條款並沒有任何強制力，公司如果不買回債券也不算違約，回購與否均由公司決定，並不代表到了回購日這天，公司就必須依票面價值償還債務。

3.利息

利息（Interest）是債權人最重要的收入，通常每半年發放一次利息，但視債券條款不同，亦有每月發放或每年發放利息的債券。

由於利息通常每半年發放一次，因此只要分散持有不同公司債，就可以每月領取穩定利息收入。

4.到期殖利率

到期殖利率（Yield To Maturity）是持有債券至到期的年化報酬率。投資債券因為可以確定未來會領多少利息，到期後可以領回多少本金，所以可以計算出投資

這檔債券的年化報酬率有多少。

　　例如，A 公司 2018 年 1 月發行一檔票面利率 10% 的債券，並在 2020 年 1 月到期，票面價值為 1,000 美元，但因某些因素目前交易價格只有 90 美分（即 0.9 美元）。若打算持有 1,000 美元票面價值的債券，至少需投入 900 美元（0.9×1,000），只要公司至 2020 年 1 月不違約，就會依票面價值 1,000 美元還款。

　　所以，投資這檔債券的總報酬為價差 100 美元（1,000 − 900），以及持有 2 年的利息 200 美元（1,000×10%×2），共計 300 美元（100 + 200）。因此，持有該檔債券 2 年的年化報酬率為 15.47%（（（900 + 300）÷900）^（1/2）− 1）×100%）。

　　由於美國實質經濟成長率維持 2%，加上通膨長期維持 2%，政府公債合理無風險報酬率大約為 4%。若投資單一公司債，因為還要面臨公司倒閉的風險，再加上 3% 的安全邊際，就是 7%。因此，我認為在投資公司債時，7% 的到期殖利率是比較可以接受的水平。

5.信用評等

　　信用評等（Credit Rating）是專業評級機構顯示受評對象信貸違約風險大小的方

表1 信用評等為BBB／Baa以上為投資等級債
——債券的信用評等

評級機構	投資等級				非投資等級				
穆迪（Moody's）	Aaa	Aa	A	Baa	Ba	B	Caa	Ca	C	D
標準普爾（Standard & Poor's）	AAA	AA	A	BBB	BB	B	CCC	CC	C	D
惠譽國際（Fitch Rating）	AAA	AA	A	BBB	BB	B	CCC	CC	C	D

註：此表由左至右，分別代表違約風險由低到高　　資料來源：穆迪、標準普爾、惠譽

式，常見的信評機構為穆迪（Moody's）、標準普爾（Standard & Poor's）和惠譽國際（Fitch Rating）。

雖然各家劃分信用評等的方式略有差異，但大致上可將信用評等分成 AAA ／ Aaa ～ D 級，其中 AAA ／ Aaa ～ BBB ／ Baa 稱為投資等級，BB ／ Ba（含）以下就是非投資等級（詳見表 1）。

至於該投資哪個信用評等的債券會比較好呢？依據穆迪統計，自 1920 年至 2017 年，將近 100 年間，持有各信用評等債券 5 年累積違約率，Aaa 級最低，只有 0.14%，B 級的違約率為 19.67%，而 Caa ～ C 級違約率最高，有 32.89%。至於 D 級債券是已經違約的債券，離破產倒閉不遠，因此可以忽略（詳

見圖 1）。

　　這樣的統計代表即使完全看不懂財報，射飛鏢亂買，買 B 級債券也有 8 成機率不違約，更何況我們一定會仔細分析公司償債能力後再決定是否買進，勝率可以再提高，也能從中獲取較佳的報酬率。因此，我認為 B 級是可以接受的最低範圍，並且在選擇債券時，以穆迪信用評等 B 等級作為基準。

　　但要注意的是，投資債券時只能將信用評等作為參考，因為信用評等往往僅反映「當下」的信用狀況，而不代表「未來」。隨著公司營運業績轉佳，信用評等可能會提升，而公司營運業績轉弱，信用評等可能轉弱，所以重點仍然是「未來」的營運狀況。

　　總結來說，投資人在購買債券時，除了要留意票面價值、票面利率等資訊以外，最重要的是挑選「5 年內到期、到期殖利率在 7% 以上，且穆迪信用評等在 B 級以上的公司債」。至於如何找出優質公司債，以及如何利用海外券商系統下單，詳見 6-3 圖解教學。

優勢》現金流穩定，利息還可免課稅

　　看完債券必須注意的名詞之後，接著來看投資債券的 4 大優勢，說明如下：

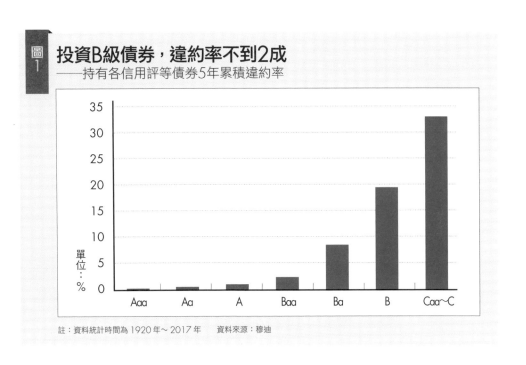

圖1　投資B級債券，違約率不到2成
——持有各信用評等債券5年累積違約率

註：資料統計時間為 1920 年～ 2017 年　　資料來源：穆迪

1.打造穩定現金流，邁向財務自由人生

相比股票發放的股利會隨公司獲利高低而改變，債券具有領取穩定利息的優勢。只要公司財務狀況正常，就一定會依約定支付利息。同時也因為債券的利息是事先約定好的，所以現金流非常穩定。

本金足夠大的投資人，只要專注投資公司債就足以財務自由了。例如以新台幣1,000 萬元（此段舉例幣值皆為新台幣）投資每年殖利率 7% 的公司債，每年就

可以產生 70 萬元（1,000 萬 ×7%）的被動收入，足以因應一年的生活支出，對很多人來說等於達成財務自由目標。若是本金不夠大的人也別灰心，投資公司債跟投資股票一樣有複利效果。假若以 100 萬元起家，每年投資殖利率 7% 的公司債，則第 1 年年底可以領取利息 7 萬元（100 萬 ×7%）。若將領到的利息連同本金繼續投入，則第 2 年就有 107 萬元的本金。持續用同樣方式投入，將會利滾利，愈滾愈大，到了第 10 年本金來到 183 萬元，與第 1 年投入的資金相比，成長 83.85%，且能領取接近 13 萬元的被動收入（詳見表 2）。

　　而且，這只是計算領取利息再投入之複利效果，並沒有計入個人工作所得收入再投入的複利效果，若是把個人工作所得收入也算進去，複利效果會更為可觀。所以只要努力工作賺錢，想辦法替自己加薪，一步一步把本金放大，就可以更快達成財務自由的目標。

2.短天期公司債是空頭市場的「避風港」

　　相比股市波動的劇烈程度，債市波動的程度實在小太多了。由於債券有到期日，只要在到期日那天發行公司不違約，隨著離到期日愈來愈近，公司依約償還債務的可能性愈來愈高，債券價格就會漸漸往票面價值靠攏。

　　也因此，當空頭市場來臨時，「短天期公司債」（5 年內到期）的波動會相對較小，而且還能領取比定存利率更高的利息，使自己在未來有更多現金可以加碼

表2	投資債券具有複利效果,利息可以愈領愈多 ——以新台幣100萬元買殖利率7%公司債為例									
年數 (年)	1	2	3	4	5	6	7	8	9	10
起始本金 (萬元)	100.00	107.00	114.49	122.50	131.08	140.26	150.07	160.58	171.82	183.85
領取利息 (萬元)	7.00	7.49	8.01	8.58	9.18	9.82	10.51	11.24	12.03	12.87

註:以四捨五入法取至小數點第 2 位;單位皆為新台幣

買進好公司。

3.只要公司不違約並持有至到期日,「虧損」就不會發生

　　雖然債券價格每天都會有所波動,但只要以低於票面價值買進,並耐心持有至到期日,即使途中發生虧損也無須在意。因為只要發行公司在到期日當天沒有違約,就必須依約還款(通常是依照票面價值加計部分利息還款),投資人並不會產生虧損。

4.債券的利息收入不課稅,亦不列入遺產稅課徵範圍

　　依目前美國國稅局規定,投資公司債所領的利息收入不課稅,而且亦無須課徵遺產稅。而海外所得部分,依目前台灣《所得基本稅額條例》規定,若全年申報

戶海外所得達新台幣 100 萬元才需依規定申報，但加計基本所得超過新台幣 670 萬元者才需依 20% 稅率計算稅額。由於海外所得課徵門檻相當高，即使以年報酬 20% 計算，也至少需新台幣 3,350 萬元投資金額（670 萬÷20%，僅計入海外所得，不計其他所得），才有機會達到課稅門檻。因此，投資債券被課稅的機率著實不高，是創造現金流的好選擇。

風險》透過分散投資＋深入分析公司，避開違約風險

看完優勢接著來看風險。對於債券來說，常會面臨到利率風險、提前回購風險與違約風險，分別說明如下：

1.利率風險

當利率上升時，債券價格會下跌；利率下降時，債券價格會上升。其實道理很簡單，當銀行存款利率愈高時，投資人要求的債券利率自然就愈高，也因此造成債券價格下跌。

2.提前回購風險

有些債券允許發行公司可以提前回購債券，也就是可以提前還錢給債權人。因此，如果投資人以高於回購價的價格買進債券，就可能蒙受損失，這是要注意的地方。

3.違約風險

違約風險是投資公司債最大的風險，營運愈差的公司，違約風險愈大。營運狀況太差的公司可能無法如期償還利息及本金，最嚴重就是步上破產或重整一途，此時公司債的價格會大幅下跌，以反映可能的違約風險！

對投資人來説，前兩項風險的影響較小，原因如下：

就「利率風險」而言，利率上升可能導致債券價格下跌，但債券持有人未必會蒙受損失。因為利率的上升雖然可能造成債券價格下跌，但由於債券有到期日，能事先得知還款金額及約定利息，而能算出持有這檔債券至到期的年化報酬率。因此利率的上升或下降，並非公司債分析重點，只要這檔公司債到期殖利率對投資人來説可以接受，並認為公司在到期日前可以依約還款（通常是依照票面價值還款），就能進場投資。

就「提前回購風險」而言，投資人只要避免購買具回購條款的債券，或以低於回購價的價格來購買債券，就可避免產生虧損。

然而違約風險就不同了，由於我主要是投資信用評等較低（穆迪信用評等 B 級以上）的公司債，假如公司倒閉或不付錢就很容易面臨虧損。因此我認為，投資公司債主要還是考量企業能不能在到期日前還款，其他的考量皆是其次。當然，

　　違約風險也是有辦法避免的，例如分散購買不同產業及企業的債券，並且深入分析企業償債能力，就可以有效避免。

　　下一節我會教大家如何分析企業的償債能力，讓大家能夠有效減少違約風險，享受債券穩定配息的好處。

用關鍵5問分析償債能力

判斷公司是否有違約風險

從 5-2 可以知道，投資公司債面臨的最大風險就是違約風險，因此在分析公司債時，主要確認公司是否有還款能力，也就是公司會不會倒閉、會不會違約？通常在判斷一家公司是否有違約的可能性時，我會問自己 5 個關鍵問題：

關鍵 1》營業收入是否穩定？

在判斷公司違約的可能性前，必須先了解公司提供什麼產品或服務，過去的營運是否穩定？至於營業收入是否處於成長軌道其實不太重要，因為公司即使多賺錢也不會多付利息給債權人，因此重點是營業收入能不能維持穩定。只要公司營運穩定，公司違約可能性自然相對較低。

關鍵 2》所處產業地位是否穩健？

若公司本身產業地位較同業低，就代表產品或服務的可取代性高，即使真的倒

閉對整個產業也影響不大，所以要盡可能選擇產業地位穩健的公司，如此，公司也會有較多籌碼可以取得融資，增加償還債務的可能性。

關鍵 3》是否受景氣循環影響較小？

若公司本身處於高度景氣循環產業，營業收入容易起起伏伏，其利潤就較為不穩定，可能沒有足夠利潤支付利息或償還債務，也因此影響償債能力。

關鍵 4》未來的現金流量是否大於到期日前所需償還債務？

只要公司未來的現金流量（包含帳上現金、未來每年自由現金流量和未來每年所借現金）大於到期日前所需償還的債務，公司的違約風險相對較小，投資人可以較放心。此部分的觀察重點有 4 個：

1.公司的債務狀況

我們可以從公司年報（10-K ／ 20-F）或季報（10-Q ／ 6-K）找尋公司的債務相關資料。美國財報會將每一檔發行債券的到期日、票面利率等相關資訊逐一列出，低於一年必須償還的債務為短期借款（Short-term debt 或 Long-term debt due within one year），高於一年必須償還的債務為長期債務（Long-term debt），從這些資訊可以判斷在到期日前，公司有多少債務要償還。

2.帳上現金

分析完公司的債務狀況以後,接著可以先從資產負債表確認公司目前手上有多少現金。投資人可以觀察資產(Assets)項下的「現金和約當現金」(Cash and cash equivalents)看公司目前帳上有多少現金。

3.推估公司未來每年自由現金流量

知道公司在到期日前有多少債務要償還後,接著必須觀察公司的「現金流量表」來了解公司每年可以賺進多少現金,才能知道公司能不能依約還款。

為什麼是觀察現金流量表而不是綜合損益表呢?這是因為綜合損益表代表公司帳上獲利,但不代表公司實際賺得現金。通常公司在日常營運時,都會有客戶先拿貨再付現的情形,所以可能帳上認列獲利,但實際上沒有現金流入。

由於償還債務一定要用現金償還,若公司帳上獲利很多,現金流入很少,還款能力實際上還是非常差的。因此,分析重點為「現金流量表」,而非「綜合損益表」。

投資人可參考公司過去 5 年自由現金流量(Free cash flow)情形,並取其平均值來推估未來每年的自由現金流量。若發覺公司過去 5 年自由現金流量呈持續衰退,基於保守估算原則,亦可以最近 1 年自由現金流量作為估算方式。

4.了解公司未來每年所借現金

知道公司每年賺取自由現金流量的能力後，接著可從現金流量表中的「融資活動之現金流量」（Cash flows from financing activities）觀察公司發行債務以及償還債務的情形。

公司的還款方式其實只有「賺錢來還」或「借錢來還」兩種。若公司每年都產生不錯的自由現金流量，通常代表公司賺錢還款能力很強。但即使公司年年自由現金流量均為負數，也未必代表公司會立即倒閉，因為公司亦可借錢來還，以借新債還舊債的方式來維持公司營運。

通常公司自由現金流量常年為負，卻能持續獲得借款的關鍵原因在於營運資產變現性較高，例如公司擁有許多汽車或房地產等，所以銀行願意以這些資產為抵押，持續借款給公司。

若公司賺取自由現金流量能力很差、資產變現性不強，卻還持續借新債還舊債，那就要非常小心違約風險。

除了發行債務取得資金外，公司通常也會有一定額度的信用貸款可以隨借隨還，而這些在美國財報的「流動性及資本資源」（Liquidity and capital resources）項目均會揭露。因此，在計算公司償還債務能力時，也可將此部分計算進去。

只要觀察上述 4 個重點，就可以計算公司在到期日前能拿到多少現金以及有多少債務要償還，進而判斷公司違約可能性高不高。當未來現金流量大於所要償還債務時，公司違約可能性不高；反之，當公司未來現金流量小於所要償還債務時，公司違約可能性就會上升。

關鍵 5》是否持續發放股利？

由於「利息」發放的順序先於「股利」，因此只要公司能持續發放「股利」，就一定會持續償還「利息」。但連續發放股利的公司，通常也代表公司手上的資金充裕，所發行的公司債殖利率自然也較低，這就看投資人自身取捨了。

整體而言，比起買股票須隨時關心企業獲利有無成長，買公司債思考過程簡單許多，只要營運所得現金足以償還利息及本金即可。因此，原則上只要公司沒有違約疑慮，就持有至債券到期日，中間債券價格若出現波動，反而是加碼時機。只有判斷公司可能違約時，才會考慮賣出或停損。

為了減少不理性因素產生，可以使用表 1 的檢查表，買進後如果有出現超過 3 項答案為否，就可以考慮賣出。

表 1 檢查表的前 5 個項目，其實就是前面提及的關鍵 5 個問題，這些問題

表 1	若投資檢查表出現3項否定答案，則可賣出公司債 ——公司債投資檢查表		
	檢查項目	是	否
	公司營業收入是否穩定？		
	公司所處產業地位是否穩健？		
	公司是否受景氣循環影響較小？		
	公司未來的現金流量，是否大於到期日前所需償還債務？		
	公司是否持續發放股利？		
	單一公司債是否不超過整體資金10%？		

資料來源：美股夢想家

與企業本身營運高度相關，一定要盡可能分析清楚。如果答案皆為否定或不夠肯定，就不應該貿然買進。第 6 點則是避免過度看好單一公司，產生一次性巨大虧損。若檢查表確認下來沒有問題，投資人就可以持有債券至到期，在持有期間安心領利息，享受穩定配息的好處。

投資實戰解說》
美泰兒2020年到期公司債

5-4

　　下面以我在 2018 年 12 月觀察到的公司債——美泰兒股份有限公司（簡稱美泰兒，Mattel，美股代號 MAT）2020 年到期的公司債為例，向讀者說明如何利用 5-3 的關鍵 5 問分析公司債。會搜尋到這檔債券就是因為使用前述「5 年內到期、到期殖利率在 7% 以上，且穆迪信用評等在 B 級以上」條件去篩選的。

基本資料》2 年內到期，且到期殖利率近 7%

　　首先來看基本資料，當時（2018 年 12 月 27 日）美泰兒 2020 年到期的公司債，到期殖利率約為 6.79%，非常接近 7% 的標準，而最新報價為 96.03 美分（即 0.9603 美元）。

　　這表示，若投資此檔公司債，只要 2020 年 10 月 1 日前美泰兒不違約，則投資人每年可以有 6.79% 的報酬率，並且所領的 4.35% 利息不會課稅，是不錯的投資標的（詳見表 1）。

表1	債券評等為B級以上，可列入投資名單
	——美泰兒2020年到期的公司債基本資料

項目	說明
發行人	Mattel, Inc.
美股代號	MAT
CUSIP碼	577081AT9
債券類型	優先無擔保（Senior Unsecured Note）
票面利率（%）	4.35
到期日	2020.10.01
回購日	可回購
回購價（美分）	100
信用評等	穆迪（Moody's）：B3 標準普爾（Standard & Poor's）：B+
利息支付時間	每半年支付一次
價格（美分）	96.03（2018.12.27）
到期殖利率（%）	6.79

註：資料查詢時間為2018.12.27；CUSIP碼是由一串字符組成的證券識別碼；債券類型說明詳見6-3
資料來源：美國金融業監管局（FINRA）

關鍵5問》擁有知名品牌、流動資金充裕，違約風險相對低

確認美泰兒是值得研究的標的之後，接著，再利用關鍵5問來確認公司的違約風險。

1.營業收入是否穩定？

美泰兒是全球最大玩具製造商之一。旗下品牌包含美國女孩（American

表2 營收、獲利、現金流皆呈下滑趨勢
—— 美泰兒（美股代號MAT）財務數據

項目	2013年	2014年	2015年	2016年	2017年
營收	6,485	6,024	5,703	5,457	4,882
稅前息前折舊攤銷前利潤	1,374	915	815	767	-125
營業現金流	698	889	735	595	-28

註：單位皆為百萬美元　　資料來源：Morningstar

Girl）、費雪（Fisher-Price）、風火輪（Hot Wheels）、湯瑪士小火車（Thomas & Friends）等，最著名的品牌就是芭比娃娃（Barbie）。

檢視美泰兒股份有限公司最近 5 年（2013 年～ 2017 年）營收、稅前息前折舊攤銷前利潤（Earnings Before Interest, Taxes, Depreciation and Amortization，EBITDA）、營業現金流量均呈下滑趨勢（詳見表 2），從財務指標來看，美泰兒營業收入並不穩定。

2.所處產業地位是否穩健？

過去幾年美泰兒營運狀況持續下滑，相比最大競爭對手孩之寶（Hasbro, Inc.，美股代號 HAS）表現，美泰兒最近幾年表現相當慘淡。不同於美泰兒固守傳統玩具製造業，孩之寶除了傳統玩具製造業外，也積極跨足媒體業，最成功的例子就

是將旗下品牌變形金剛（Transformer），拍成一部又一部賣座的電影。原本變形金剛已經快被世人遺忘，但電影大獲成功之後，變形金剛的周邊產品就跟著熱賣起來。

美泰兒在營收、獲利均持續低迷下，只能把腦筋動在降低成本上，例如減少研發及行銷預算、加速開發新產品流程等，但此舉可以提升短期獲利，對提升長期競爭力卻沒什麼幫助。

不過，由於美泰兒仍擁有許多全球知名品牌，如湯瑪士小火車或芭比娃娃等，預估短期內仍可維持一定產業地位。

3.是否受景氣循環影響較小？

玩具業本身屬於較不受景氣循環影響的產業，但現在小孩子很少玩實體玩具，大多喜歡滑手機，對玩具製造商來說，小孩不買玩具可是比悲傷更悲傷的故事，所以美泰兒最大競爭對手孩之寶就選擇積極轉型，跨足媒體業增加曝光度，才能提升玩具在小孩心中地位，促進購買玩具欲望。

此外，孩之寶更在 2014 年從美泰兒手中搶下迪士尼（Disney）公主系列授權，對美泰兒造成沉重打擊。搶下迪士尼公主系列產品後，孩之寶每年可以增加約 5 億美元營收，現在認識芭比娃娃的小孩很少，動畫《冰雪奇緣》（Frozen）的艾

莎（Elsa）公主才是小孩心中的國民偶像。

　　總結來說，玩具產業受景氣循環影響不大，美泰兒營運狀況持續下滑是企業本身的問題。

4.未來的現金流量是否大於到期日前所需償還債務？

　　首先來看美泰兒股份有限公司的債務狀況。檢視公司季報（10-Q），2018 年第 3 季（財務季度統計至 2018 年 9 月 30 日）總計有 28 億 5,300 萬美元的長期債務，但 2020 年前僅須償還 2 億 5,000 萬美元，而美泰兒股份有限公司 2018 年第 3 季現金為 2 億 900 萬美元。

　　進一步檢視美泰兒股份有限公司過去 5 年（2013 年～ 2017 年）每年自由現金流量，則呈現持續下滑趨勢，2017 年自由現金流量流出 3 億 2,500 萬美元，代表其創造現金的能力正在減弱（詳見圖 1）。

　　最後，來了解一下美泰兒未來每年所借現金。截至 2018 年第 3 季止，美泰兒有 16 億美元的信貸額度，若加計目前帳上現金 2 億 900 萬美元，預估未來美泰兒流動資金可達 18 億 900 萬美元。

　　綜觀上述來看，美泰兒可隨時調動的資金為 18 億 900 萬美元，過去 1 年（2017

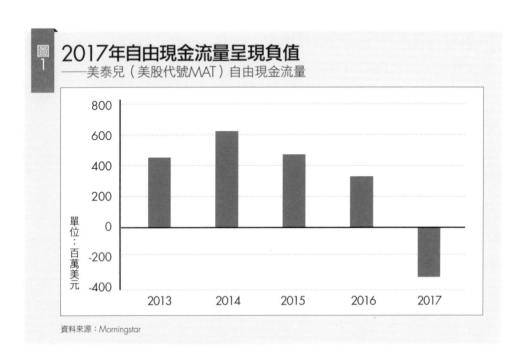

圖1

2017年自由現金流量呈現負值
——美泰兒（美股代號MAT）自由現金流量

單位：百萬美元

資料來源：Morningstar

年）自由現金流量為流出 3 億 2,500 萬美元，若保守估算未來 2 年自由現金流量每年流出 5 億美元，仍可產生 8 億 900 萬美元的現金流量（18 億 900 萬－5 億 ×2），由於美泰兒到 2020 年前僅須償還 2 億 5,000 萬美元，顯示美泰兒未來產生的現金流量大於到期日前所需償還債務。

5.是否持續發放股利？

美泰兒在過去 10 年（2008 年～ 2017 年）持續發放股利，惟自 2018 年起

不再發放，說明美泰兒由於營運轉差，現金流量呈現流出，因此沒有足夠現金流量發放股利。

　　從前面 5 個問題看下來可以知道，美泰兒是全球最大玩具製造商，由於美泰兒仍擁有許多全球知名品牌，如湯瑪士小火車或芭比娃娃等，預估短期內仍可維持一定產業地位，雖然近幾年營收、獲利明顯轉差，但目前（財務季度統計至 2018 年 9 月 30 日）手上流動資金充裕，公司違約風險應相對低，加上 2020 年到期的公司債是以 6.79% 的到期殖利率進行交易，顯示持有該公司債應是相對安全且有吸引力的投資。惟仍須每季定期檢查財務表現，避免意外發生。

　　以上就是我當初在 2018 年 12 月時對美泰兒所做的分析，直到 2019 年 5 月 29 日止，此檔債券價格已回升至 100.75 美分，到期殖利率縮小至 3.76%，代表此檔債券價格持續上漲。目前我對美泰兒股份有限公司償債能力的看法依然沒有改變，仍會選擇繼續持有至到期，等待公司依約還款。

依據市場未來多空走向
調整不同資產配置比率

5-5

　　第 3 ～ 5 章詳細介紹普通股、特別股及公司債這 3 種產品、投資方式以及買賣時機。由於這 3 種產品的特性各有不同,因此在投資這 3 種產品時,心態上也會有所不同。

　　投資普通股必須注意「公司獲利成長性」,長期來說股價會隨獲利上漲,由於美國是全球最重要的資本市場,因此在美國市場有許多長線績優成長股,只要能耐心忍住波動,就可以創造很好的報酬,像是蘋果(Apple,美股代號 AAPL)、臉書(Facebook,美股代號 FB)、Google(母公司 Alphabet 的美股代號 GOOGL)、亞馬遜(Amazon,美股代號 AMZN)等都是例子。但若公司獲利成長不如預期,股價也會大幅下跌,因此不宜過度重壓任何一家公司。

　　投資特別股時則要注意其安全性低於公司債,成長性低於普通股,而且通常特別股沒有到期日,所以最合適的方式就是把特別股「當作是沒有到期日的公司債」。記得選「可以永續經營的公司」,才可以安心領取股利。

投資公司債則要確認「公司會不會違約」，如經分析後確認公司不會在債券到期日前違約，那買進的當下就已經「保本」，還可以每年領取固定利息。而且美國政府不對債券利息課稅，也不納入遺產稅課徵範圍，是創造穩定現金流的好幫手，但能創造的資本利得空間相對比較有限。另外，需注意不要用高於票面價值的價格購買債券，避免公司因提前回購債券而蒙受損失。

美股多頭近 10 年，可適度提高短期公司債比重

不論普通股、特別股、公司債都各自有不同的風險要面對，在投資前一定要做足功課，先想風險再想利潤，分散投資並做好資金控管，才能確保投資安全，在投資路上走得長久。

由於美國股市自 2009 年以來已經連漲將近 10 年，在現在這個時刻（2019年 5 月），大多數的股票價格都不會太便宜，所以我個人的資產配置，控制在普通股 25%、特別股 5% 及公司債 70% 左右。因為適度提高短期公司債的比重，就可以在未來空頭市場中發揮保護作用，也能領取比定存更高的利息，從而有更多現金加碼好公司，使資產穩定成長。

只要懂得善用不同產品的特性，不論未來多空走向，手上資產就能在較小的波動中穩定獲利。

表1 依據不同投資工具特性，調整投資策略
——不同投資工具比較

	普通股	特別股	公司債
特性	每股都代表公司所有權的一部分，是分享公司營運成長果實最好的方式	持有特別股大多無法擁有公司部分所有權，但公司必須優先配息給特別股股東，且配息都是事先約定，多半無法任意變更	持有公司債無法擁有公司所有權，但公司必須優先支付利息給債權人，並在到期日前還清借款
實際例子	蘋果（Apple，美股代號AAPL）	滙豐銀行控股特別股（美股代號HSBC-A）	美泰兒（Mattel）2020年10月1日到期公司債
配息成長性	公司愈賺錢，配息愈多；但賺愈少錢，配息也會愈少	不論公司賺多少錢，配息都一樣	不論公司賺多少錢，配息都一樣
配息穩定性	配息隨公司獲利改變，每年可以領多少沒有任何保證	依事先約定好的配息支付	依事先約定好的配息支付
價格波動程度	公司獲利成長，股價就會持續上漲；但公司獲利衰退，股價就會下跌	只要公司可以持續支付特別股股利，股價大多會在面額25美元左右波動	只要公司可以持續支付利息，並在到期日依約還款，價格大多會在面額1,000美元左右波動
利潤分配順序	利潤分配順序在公司債和特別股之後	利潤分配順序在公司債之後，普通股之前	利潤分配順序優先於特別股和普通股
到期日	普通股沒有到期日，大多是被收購下市或破產重整下市	特別股大多沒有到期日	公司債有到期日，只要在到期日那天公司沒有違約，就能保本領息

資料來源：美股夢想家

	普通股	特別股	公司債
回購日	普通股沒有回購日	特別股大多有回購日，公司在回購日後可以宣布回購特別股。但何時宣布無法預知，所以要記得買在回購價以下	有些公司債有回購日，公司在回購日後可以宣布回購公司債。但何時宣布回購無法預知，所以要記得買在回購價以下
到期殖利率	普通股沒有到期日，所以沒有到期殖利率	特別股大多沒有到期日，所以沒有到期殖利率	代表持有公司債至到期日的年化報酬率
稅負	• 賺價差不課稅 • 領美國公司股利課30%稅，領外國股票股利課多少稅依國家稅率而定 • 美國公司股票納入遺產稅課徵範圍，但非美國公司股票不納入	• 賺價差不課稅，但價差空間有限 • 配息類型為利息者不課稅，配息類型為股利者，視發行國家而有不同稅率 • 美國公司股票納入遺產稅課徵範圍，但非美國公司股票不納入	• 賺價差不課稅，但價差空間有限 • 利息不課稅 • 不納入遺產稅課徵範圍
投資策略	確認公司獲利成長性足夠，價格也算合理就耐心長期持有，等待公司獲利帶動股價上漲，可是較難預測股價何時會上漲	把特別股當作沒有到期日的公司債，以一直順利領取配息為目標，所以最好是特許產業、營運歷史悠久、經營業務為人民基本需求的公司，才可以穩穩配息	先確認這檔公司債有多久到期，再確認到期前公司會不會違約。如果分析營運狀況後確認公司在到期日前不會違約，就安心持有至到期，既保本又領息

第 6 章

實用工具》
精挑資訊篩選器

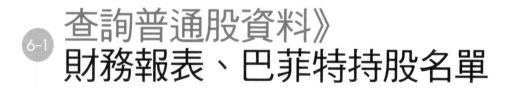

查詢普通股資料》財務報表、巴菲特持股名單

6-1

對投資美國普通股來說，最重要的是研究各家公司的相關財務文件，例如 8-K（重大事件報告）、10-K（年報）等，若是對股神巴菲特（Warren Buffett）感興趣的人，還可以研究波克夏海瑟威（Berkshire Hathaway）近期持股、巴菲特個人帳戶持股等。下面就來將各種資料的查詢方式教給大家：

圖解教學❶　如何查詢上市公司申報文件？

我們以如何查詢可口可樂（Coca-Cola，美股代號KO）的重大事件報告（8-K）為例。首先，進入美國證券交易委員會（SEC）首頁（www.sec.gov）。在上方列表❶「FILINGS（文件）」的下拉選單點選❷「Company Filing Search（公司文件搜尋）」。

STEP 2　進入下一個頁面以後，在「Fast Search（快速搜尋）」的欄位，輸入可口可樂的美股代號❶「KO」並按下❷「SEARCH（搜尋）」。

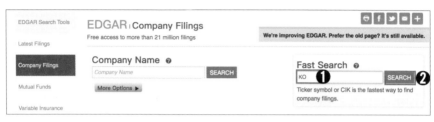

STEP 3　此時在❶「Filings」處就可以看到各種文件的名稱，例如8-K等。若想要觀看該文件，此處以2019年4月10日公布的8-K為例，可以點選「Format（格式）」下方的❷「Documents（檔案）」。

接續下頁

STEP **4** 進入下一個頁面以後，點選Document下方的❶「e19195_ko-8k.htm」即可觀看可口可樂的8-K檔案。

SEC Home » Search the Next-Generation EDGAR System » Company Search » *Current Page*

Form 8-K - Current report: **SEC Access**

Filing Date	Period of Report	Items
2019-04-10	2019-04-05	Item 5.04: Temporary Suspension
Accepted		of Trading Under Registrant's
2019-04-10 10:50:35		Employee Benefit Plans
Documents		Item 9.01: Financial Statements
3		and Exhibits

Document Format Files

Seq	Description	Document	Type	Size
1		e19195_ko-8k.htm ❶	8-K	16894
2		e19195_ex99-1.htm	EX-99.1	4684
3	GRAPHIC	image_001.jpg	GRAPHIC	6170
	Complete submission text file	0001552781-19-000156.txt		31302

COCA COLA CO (Filer) CIK: 0000021344 (see all company filings)   Business Address

---

8-K 1 e19195_ko-8k.htm

UNITED STATES
SECURITIES AND EXCHANGE COMMISSION
Washington, D.C. 20549

FORM 8-K

CURRENT REPORT

Pursuant to Section 13 or 15(d) of
the Securities Exchange Act of 1934

Date of Report (Date of earliest event reported): April 5, 2019

The Coca-Cola Company

(Exact name of registrant as specified in its charter)

Delaware	001-02217	58-0628465
(State or other jurisdiction of incorporation)	(Commission File Number)	(IRS Employer Identification No.)

One Coca-Cola Plaza Atlanta, Georgia	30313
(Address of principal executive offices)	(Zip Code)

Registrant's telephone number, including area code: (404) 676-2121

Check the appropriate box below if the Form 8-K filing is intended to simultaneously satisfy the filing obligation of the registrant under any of the following provisions:

☐ Written communications pursuant to Rule 425 under the Securities Act (17 CFR 230.425)

☐ Soliciting material pursuant to Rule 14a-12 under the Exchange Act (17 CFR 240.14a-12)

☐ Pre-commencement communications pursuant to Rule 14d-2(b) under the Exchange Act (17 CFR 240.14d-2(b))

☐ Pre-commencement communications pursuant to Rule 13e-4(c) under the Exchange Act (17 CFR 240.13e-4(c))

Indicate by check mark whether the registrant is an emerging growth company as defined in Rule 405 of the Securities Act of 1933 (§230.405 of this chapter) or Rule 12b-2 of the Securities Exchange Act of 1934 (§240.12b-2 of this chapter).

資料來源：SEC

圖解教學❷　如何查詢波克夏海瑟威近期持股？

首先，登入DATAROMA網站（dataroma.com），點選上方列表中的❶
「Superinvestors（超級投資者）」。

進入下一個頁面之後，在❶「Portfolio Manager - Firm（投資組合經理-公司）」
下方找尋❷「Warren Buffett - Berkshire Hathaway（華倫‧巴菲特-波克夏海瑟
威）」，點進去就可以看到波克夏海瑟威的持股。

Portfolio Manager - Firm ❶	Portfolio value	No. of stocks			Top 10 holdings (left to right)					
Alex Roepers - Atlantic Investment Management	$391 M	18	OI	EMN	HUN	AVT	DXC	OSK	TKR		
Allan Mecham - Arlington Value Capital	$1.42 B	15	BRK.B	ADS	SPB	CMPR	MNRO	AN	JEF		
Bill & Melinda Gates Foundation Trust	$20.9 B	18	BRK.B	WM	CNI	CAT	WMT	MSF			
Jarman		33			FOXA				AGN		
Stephen Mandel - Lone Pine Capital	$17.1 B	20	ADBE	AMZN	IQV	MSFT	BABA	UNH	STZ		
Steven Romick - FPA Crescent Fund	$10.2 B	43	AIG	AVGO	CIT	ARNC	UTX	ADI	AABA		
Third Avenue Management	$1.29 B	59	WY	FPH	LEN	BAM	RYN	MAC	TDW		
Thomas Gayner - Markel Asset Management	$5.97 B	132	KMX	BRK.A	BRK.B	BAM	DEO	DIS	MAR		
Thomas Russo - Gardner Russo & Gardner	$12.9 B	87	MA	NSRGY	BRK.A	HKHHF	PDRDF	PM	CFRHF		
Thornburg Investment Management - Thornburg Value	$860 M	42	TMO	USFD	GOOG	JPM	AGO	GILD	EPD		
Tweedy Browne Co. - Tweedy Browne Value	$416 M	46	BRK.A	HKHHF	DEO	TOT	MA	RHHVF	NSRGY		
Wallace Weitz - Weitz Value	$734 M	26	BRK.B	LBRDK	GOOG	LH	V	MA	BKNG		
Warren Buffett - Berkshire Hathaway ❷	$199.5 B	48	AAPL	BAC	WFC	KO	AXP	KHC	USB		
William Von Mueffling - Cantillon Capital Management	$9.41 B	32	SPGI	ADI	FIS	WLTW	AMT	V	GOOGL		

接續下頁

在新頁面我們可以看到波克夏海瑟威近期持股的相關資料，像是❶「Period（期間）」是2019年第1季，❷「Portfolio date（投資組合日期）」是2019年3月31日，❸「No. of stocks（股票數目）」為48檔，❹「Portfolio value（投資組合價值）」是1,994億8,370萬8,000美元。此外，也能看到❺「Stock（股票名稱）」、❻「% of portfolio（占投資組合比率）」、❼「Shares（股數）」、❽「Recent activity（近期變動）」、❾「Reported Price（報告價格）」和❿「Value（價值）」等資訊。

Warren Buffett - Berkshire Hathaway

Period:	Q1 2019 ❶
Portfolio date:	31 Mar 2019 ❷
❸ No. of stocks:	48
Portfolio value:	$199,483,708,000 ❹

Holdings　Activity　Buys & Sells　History

History	Stock ❺	% of portfolio ❻	Shares ❼	Recent activity ❽	Reported Price* ❾	Value ❿
≡	AAPL - Apple Inc.	23.77	249,589,329		$189.95	$47,409,494,000
≡	BAC - Bank of America Corp.	12.39	896,167,600		$27.59	$24,725,263,000
≡	WFC - Wells Fargo	9.93	409,803,773	Reduce 3.98%	$48.32	$19,801,718,000
≡	KO - Coca Cola Co.	9.40	400,000,000		$46.86	$18,744,001,000
≡	AXP - American Express	8.31	151,610,700		$109.30	$16,571,049,000
≡	KHC - Kraft Heinz Co.	5.33	325,634,818		$32.65	$10,631,977,000
≡	USB - U.S. Bancorp	3.12	129,308,831		$48.19	$6,231,393,000
≡	JPM - JPMorgan Chase & Co.	3.02	59,514,932	Add 18.75%	$101.23	$6,024,697,000
≡	MCO - Moody's Corp.	2.24	24,669,778		$181.09	$4,467,450,000
≡	BK - Bank of New York	2.05	80,937,250		$50.43	$4,081,666,000
≡	DAL - Delta Air Lines Inc.	1.84	70,910,456	Add 8.20%	$51.65	$3,662,525,000
≡	GS - Goldman Sachs Group	1.77	18,353,635		$191.99	$3,523,714,000
≡	LUV - Southwest Airlines	1.40	53,649,213	Reduce 2.18%	$51.91	$2,784,931,000
≡	GM - General Motors	1.34	72,269,696		$37.10	$2,681,205,000
≡	VRSN - Verisign Inc.	1.18	12,952,745		$181.56	$2,351,700,000
≡	DVA - DaVita HealthCare Partners	1.05	38,565,570		$54.29	$2,093,725,000

資料來源：DATAROMA

圖解教學❸　如何查詢巴菲特個人帳戶持股？

STEP 1

若想進一步查詢巴菲特的個人帳戶持股，可利用美國證券交易委員會網站（www.sec.gov）查詢。要注意的是，SEC網站不會揭露巴菲特個人帳戶的全部持股，但如果巴菲特持有某家公司5%以上股份時就必須揭露。進入美國證券交易委員會首頁，在上方❶「FILINGS（文件）」的下拉選單點選❷「Company Filing Search（公司文件搜尋）」。

STEP 2

進入下一個頁面以後，在「Company Name（公司名稱）」輸入巴菲特的名字❶「Buffett Warren」，要注意的是，必須把Buffett打在前面，否則會查不到資料。接著按下❷「SEARCH（搜尋）」。

STEP 3

接著，在上方的「Filing Type（文件類型）」處輸入❶「SC 13G」，按下❷「Search」以後，就能夠看到該公司歷年的SC 13G和SC 13G/A的文件。接著，點選2015年12月10日的❸「Documents（檔案）」。

接續下頁

進入下一個頁面以後，點選「Document」下方，「Description（描述）」為SC 13G的❶「d103925dsc13g.htm」即可觀看檔案。從檔案裡面的「Aggregate amount beneficially owned by each reporting person（申報人累計持有股數）」可看到巴菲特以個人帳戶購買❷200萬股的❸「Seritage Growth Properties, Inc.」（美股代號SRG）股票。

Form SC 13G - Statement of acquisition of beneficial ownership by individuals:				SEC Accession No. 0001193125-15-399523

Filing Date
　2015-12-10
Accepted
　2015-12-10 08:01:00
Documents
　1

Document Format Files

Seq	Description	Document	Type	Size
1	SC 13G	❶ d103925dsc13g.htm	SC 13G	34650
	Complete submission text file	0001193125-15-399523.txt		36122

SECURITIES AND EXCHANGE COMMISSION
Washington, D.C. 20549

SCHEDULE 13G
(Rule 13d-102)

INFORMATION TO BE INCLUDED IN STATEMENTS FILED PURSUANT
TO SECTION 240.13d-1(b), (c) AND (d) AND AMENDMENTS THERETO FILED
PURSUANT TO SECTION 240.13d-2(b)

Under the Securities Exchange Act of 1934
(Amendment No.　　)

❸ **Seritage Growth Properties, Inc.**
(Name of Issuer)

Class A Shares of Beneficial Interest
$0.01 Per Share

	Warren E. Buffett	
2	Check the appropriate box if a member of a group	
	(a) ☐　　(b) ☐	
3	SEC use only	
4	Citizenship or place of organization	
	United States Citizen	

		5	Sole voting power	
Number of			2,000,000	
shares		6	Shared voting power	
beneficially			0	
owned by		7	Sole dispositive power	
each			2,000,000	
reporting		8	Shared dispositive power	
person with			0	
	9	Aggregate amount beneficially owned by each reporting person ❷		
		2,000,000		
	10	Check box if the aggregate amount in Row (9) excludes certain shares ☐ Not Applicable		

Aggregate amount beneficially owned by each reporting person

2,000,000

資料來源：SEC

查詢特別股資料》基本資料、股利發放紀錄

第 4 章有提到，對於投資美國特別股來說，在景氣熱絡時要挑選「永續經營特別股」，在景氣衰退時可留意「短期受難特別股」。投資人可以使用兆豐證券網站（www.emega.com.tw）整理的「【特別股】大全集」來找到合適標的。由於檔案全部都是中文，因此篩選起來非常輕鬆寫意，幾個步驟就可以開始打造自己的穩定現金流組合。

而找出「永續經營」特別股或「短期受難」特別股以後，下一步就是確保其配息可以持續發放。由於特別股的配息發放權是在普通股之前，因此，最簡單的方式就是「查詢普通股能否持續發放股利」，只要過去每年普通股都有持續發放股利，就表示特別股也能持續發放配息，讀者可以利用 Dividend Channel 網站（www.dividendchannel.com）確認公司普通股股利發放情況。

接下來就將各種資料的查詢方式教給大家：

圖解教學❶　　**如何查詢特別股基本資料？**

 首先，登入兆豐證券首頁（www.emega.com.tw），點選❶「理財商品」，出現下拉選單以後點選❷「海外商品」。

 進入下一個頁面之後，點選上方❶「理財工具」，待頁面跳轉後，點選❷「【特別股】大全集」即可自動下載檔案。

打開下載的「【特別股】大全集」，按下❶「稅後到期殖利率」旁邊的箭頭，選擇❷「從最大到最小排序」。稅後到期殖利率是已扣稅的殖利率，用這個方式就可以快速找出稅後到期殖利率高的特別股，但殖利率愈高通常代表公司營運體質愈危險，依我自身投資經驗，殖利率超過8%的公司，都要再深入研究較安全。

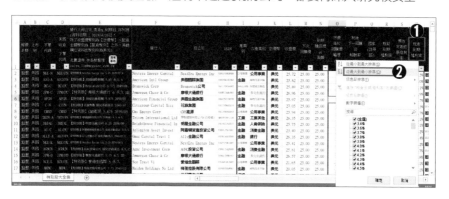

接著，按下❶「市價高於回購價幅度（%）」旁邊的箭頭，選擇❷「從最小到最大排序」。由於特別股最大的風險之一是「提前贖回風險」，若將「市價高於回購價幅度」由低至高排序，就可避免用過高價格購買而產生虧損，但要注意市價低於回購價太多的特別股，通常也代表公司營運有問題，所以我會以-10%為標準，即市價最低不要低於回購價超過10%，若超過此幅度務必要再深入研究。

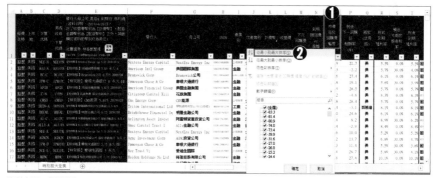

資料來源：兆豐證券

圖解教學❷　如何查詢股利發放紀錄？

STEP 1　首先，登入Dividend Channel網站首頁（www.dividendchannel.com），接著在❶「Enter Symbol」處填入股票代號，此處以巴克萊銀行為例，輸入美股代號BCS，按下❷「Get Quote & Dividend History（取得報價及股利紀錄）」。若要查詢特別股，則將特別股中間的「-」改成「.PR」即可，例如想要查詢巴克萊銀行的特別股BCS-D，只需要在「Enter Symbol」處填入「BCS.PRD」即可。

STEP 2　進入下一個畫面以後，將頁面往下拉即可看到❶「DIVIDEND HISTORY CHART（股利歷史圖表）」。

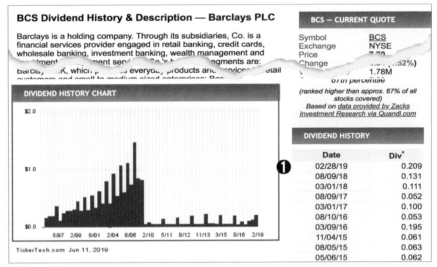

資料來源：Dividend Channel

操作公司債圖解》
篩選標的、線上交易步驟

6-3

對於公司債來說，最重要的是確認公司在債券到期日之前不會違約。下面我會教大家該如何找出優質公司債，並告訴大家該如何利用海外券商系統下單。

搜尋債券的方法有兩種，第1種是找出好公司發行的債券（詳見圖解教學❶），雖然這樣的方式很簡單，但通常這樣的方式比較難搜尋到值得投資的債券，因為大家喜歡的公司，往往財務表現很不錯，償債能力非常傑出，因此債券殖利率普遍較低，可以賺取的利息就會比較少一些。

不過，每個人對殖利率的要求是不同的，沒有一體適用的標準答案，若本金夠大，利息收入照樣豐厚，而且殖利率愈高，通常相對應的風險也愈高，所以還是要評估自己的風險承受度而定。

第2種是透過條件篩出優質公司債，如同5-2所述，我認為優質的公司債必須具備「5年內到期、到期殖利率在7%以上，且穆迪信用評等在B級以上」等條件，

圖解教學❷就來教你如何利用 FINRA 網站設條件篩出優質公司債。用這種方法的好處在於可以立即找到報酬率相對高的債券，但要注意的是，殖利率並不是愈高愈好，最重要的仍然是仔細衡量公司營運狀況，否則很容易賺了「利息」，賠了「價差」！

　　篩選出適合投資的債券後，下個步驟就是開始交易公司債，許多美國券商都提供交易公司債的服務，不過，由於債券沒有集中市場，所以各家海外券商的入手門檻不一，但平均交易金額大約落在數千美元內，是一般小資族也能負擔的門檻（詳見 1-2）。

　　圖解教學❸、❹分別以第一證券（Firstrade）及盈透證券（Interactive Brokers）為例，說明如何交易公司債，只要少少幾個步驟，就可以開始領取穩定利息。盈透證券與第一證券兩者交易公司債最大的不同點在於，盈透證券的公司債價格有統一報價，並不會因為購買單位數而有差異，所以交易成本也更加便宜。

　　此外，盈透證券亦可即時觀察公司債買賣價變動情形，以避免買到流動性太差的債券。以交易介面完善度來說，盈透證券是更加成熟的。

圖解教學❶　　如何找出好公司發行的債券？

首先，進入FINRA網站首頁（www.finra.org），在❶「For Investors（給投資者）」下方點選❷「Tools and Calculators（工具和計算機）」。

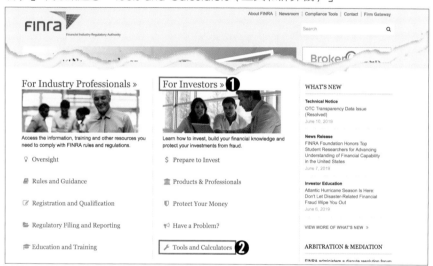

進入下一個頁面以後，在❶「Tools and Calculators」的下拉選單中點選❷「Market Data（市場數據）」。

接續下頁

STEP 3　接著，點選左方的❶「Company Information（公司資訊）」。接著，在「Get a Quote（獲取報價）」處填寫想搜尋的「公司名稱」或「股票代號」。此處以迪士尼（Disney）為例，輸入迪士尼股票代號❷「DIS」後，按❸「GO」開始搜尋。

STEP 4　畫面會出現迪士尼的相關資訊。點選❶「Bond Issues（債券發行）」。

STEP 5　進入下一個頁面以後，就可以看到迪士尼目前發行的所有債券。接著，點選 ❶「More Bond Information（更多債券細節）」。

Company Information	Company Information Detail						
Equities and Options	Quote	Options	Profile	**Bond Issues**	Financials	Key Ratios	Valuation	Shareholde
Bonds							
	Symbol		Coupon		Coupon Type	Call	Matu
Mutual Funds	DIS4090302		4.000		Fixed	Yes	10/01/2(
	DIS4090301		5.400		Fixed	Yes	10/01/2(
Watchlist	DIS4199250		3.700		Fixed	Yes	09/15/2(
	DIS4199367		4.750		Fixed	Yes	09/15/2(
Feedback	DIS4232227		7.750		Fixed	No	01/20/2(
FAQ							
Subscribe to Notices	More Bond Information ❶						

進入下一個頁面以後，會跳出 ❶「User Agreement（使用者同意書）」，按下
❷「AGREE（同意）」。

Bonds

User Agreement ❶

I hereby certify, for the purpose of using the Trade Reporting and Compliance Engine (TRACE) Data ("Data") supplied by FINRA that I am accessing via th~~~
~~r website, that I a~~~ ~~~he Data for personal ~~n-commercial ~~~~ only. I agree that, as between FINRA and myself, FINRA ~~~ ~~~~~ ~~~at I will
material i~~~ ~~~vice. The M~~~ ~~~icers, dire~~~ ~mployees, agen~~~ ~~nsultant~~~ ~~~censors sh~~~ ~~~ ~~ li~~~~~~ ~~rt, contract or otherwise (as
permitted by law) to any person or entity for any reason associated or in connection with, resulting from or arising out of use of the Service. The MSRB, its officers,
directors, employees, agents, consultants and licensors make, and have made, no recommendations regarding any of the securities or other investment vehicles
identified, referred to or described in the Service. The Service is reproduced by FINRA with permission of the MSRB under a non-exclusive limited license. The
MSRB accepts no responsibility or liability for the accuracy of the reproduction of the Service or that such Service is current.

AGREE ❷

進入下一個頁面以後就可以看到迪士尼每一檔債券的相關資訊。點選❶「Yield
（到期殖利率）」，讓債券依到期殖利率排序。第1次點選會由小到大排列，第
2次點選會由大到小排列，投資人可以選擇自己習慣的排序方式，我則是習慣由
大到小排列。可以看到目前（2019年6月10日）迪士尼到期殖利率最高的一檔
債券有33.413%。

如果想進一步了解這檔債券，可以直接點選左方的❷「Issuer Name（發行者名
稱）」，不過須注意FINRA網站有時會將已經到期的債券仍列在搜尋結果中，例
如殖利率最高的「DISNEY WALT CO NEW MEDIUM TERM NTS BOOK」，
就已過到期日，所以這裡點選殖利率第2高的❸「21ST CENTY FOX AMER
INC」為例（2019年3月20日迪士尼完成收購21世紀福斯，因此其債務由迪士
尼承擔）。

接續下頁

229

進入下一個頁面之後，可以看到該檔債券的基本資料，從圖中我們可以看出幾個重要資訊：

❶**Coupon Rate（票面利率）**：票面利率是票面利息占票面價值的百分比，票面利息意指公司每年依約給付之利息，而債券每單位票面價值通常為1,000美元，所以以票面利率7.9%來說，若持有票面價值1,000美元債券，每年會收到79美元利息。

❷**Maturity Date（到期日）**：到期日是公司依約償還債務的日子，若公司不能依約還款就視同「違約」，必須進入債務重整、破產重整或破產保護等程序，以維護債權人權益。

❸**CUSIP**：CUSIP碼是由一串字符組成的證券識別碼，每組識別碼都是獨一無二的，可以想像成個人的身分證字號。由於債券在不同券商系統中代號不一，因此，輸入CUSIP碼是交易下單最簡單快速的方式。

❹**Callable（可否回購）**：顯示「Yes」代表這檔債券可由公司提前買回，通常回購價格是票面價值加上利息，所以只要注意避免買在票面價值以上即可。顯示「No」代表這檔債券公司無法提前買回。

❺**Last Trade Price（最後交易價格）**：由於債券每單位票面價值為1,000美元，但以美分報價，所以若最後交易價格為100美分（1美分＝0.01美元，100美分即為1美元），代表這檔債券的交易價格可以買進1單位的債券（1×1,000）。目前這檔債券最後交易價格為141.99美分，明顯高於100美分，表示此檔債券受到投資人追捧，使之願意以更高的價值買進。

❻**Yield Chart（殖利率圖表）**：可以看出該檔債券過去到期殖利率走勢，目前到期殖利率約5.54%左右，換言之，若持有該檔債券至到期（即2095年12月1日），年化報酬率約5.54%。

❼**Bond Type（債券類型）**：債券類型可分為兩種，US Corporate Debentures（美國公司債）和US Corporate Convertible（美國可轉換公司債）。一般而言，我只購買公司債，不會購買可轉換債，因為可轉換債利息較低，且須進一步承擔公司股價波動，預測難易度也會增加。

❽**Debt Type（債務類型）**：債務類型主要有三種，依清償順序排列分別為Senior Secured Bond（優先有擔保公司債）、Senior Unsecured Bond（優先

無擔保公司債）和Subordinated Debt（次級債務）。雖然債務類型很多種，不過只有當公司破產清算時，債務償還順序才有意義，而在公司破產前，除非有特別約定條款，不然公司都是依到期日先後償還債務，所以只要注意相同利率條件下選到期日近的公司債即可，對債券類型無須太過計較。

資料來源：FINRA

圖解教學❷　如何設條件篩出優質公司債？

首先，進入FINRA網站首頁（www.finra.org），在❶「For Investors（給投資者）」下方點選❷「Tools and Calculators（工具和計算機）」。

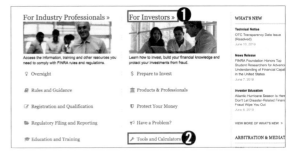

進入下一個頁面以後，在❶「Tools and Calculators」的下拉選單中點選❷「Market Data（市場數據）」。

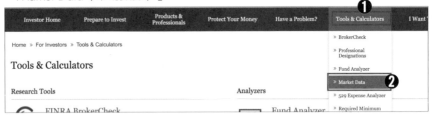

進入下一個頁面後，點選「Market Data」下方的❶「Bonds（債券）」。頁面跳轉後點選❷「Search（搜尋）」，接著點選下方「Advanced Search（進階搜尋）」旁邊的❸「Show（顯示）」。

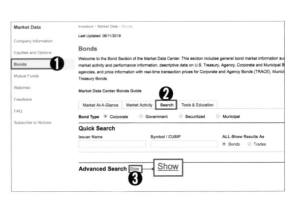

在❶「Sub-Product Type（產品類型）」選擇「Corporate Bond（公司債）」；
❷「Maturity Date（到期日）」依目前時間輸入未來5年到期的債券。接著，
由於債券評等若低於B3（也就是Baa）風險會過高，因此在❸「Moody's
Rating（穆迪信評）」的from（從）輸入「B3」，to（至）輸入「Aaa」。在❹
「Trade Date（交易日）」選擇過去一週仍有交易的債券，如此可剔除大量早就
無法交易的債券；在❺「Trade Yield（到期殖利率）」的from（從）輸入7，to
（至）輸入「100」，篩選到期殖利率大於7%的債券。由於只輸入7，系統無
法正確做篩選，因此最大值輸入100。所有資訊都選好以後，點選
❻「SHOW RESULTS（顯示結果）」，即可篩選符合條件的公司債。

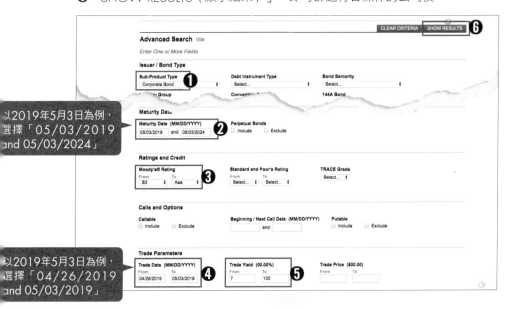

資料來源：FINRA

圖解教學❸　如何透過海外券商（第一證券）購買公司債？

首先，登入「第一證券」（www.firstrade.com/content/zh-tw/welcome）的帳戶。之後依序點選❶「交易」、❷「固定收益」，然後點選❸「Buy/Search（購買／搜尋）」。出現下拉選單後，點選❹「Corporate & Agency（公司和代理）」。

接著，可以利用前面介紹的方式找出公司債，並複製其CUSIP碼。下面以圖解教學❶Step 8的2095年到期迪士尼公司債為例，在❶「CUSIP List（CUSIP列表）」貼上CUSIP碼「90131HBS3」，然後點選右下角的❷「FIND BOND（S）（尋找債券）」。

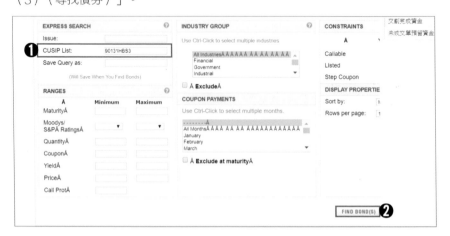

STEP 3 進入下一個頁面後，會顯示搜尋結果。接著點選「Issue Call Information（發行者資訊）」下方的❶「21ST CENTY FOX AMER INC」債券連結。

STEP 4 下一個頁面會出現債券的詳細資訊。在❶「Minimum（最小交易單位）」可看出此檔公司債一次最少需購買5單位。若投資人不確定每筆交易需要花多少錢，可以先在❷「Order Qty（交易單位）」輸入欲購買的單位數，此處以5單位為例，接著再點選右下角❸「CALCULATE（計算）」，即可估算此次交易價格。

我們可以在❹「ORDER PRICING（訂單定價）」下方看到此次交易的相關訊息，例如❺「Yield to Maturity（到期殖利率）」為4.664%，❻「Total Dollars（總金額）」共需8,368.99美元。大家可以在「Order Qty」嘗試輸入不同單位試算。若一次購買單位數愈高，交易成本會愈低，到期殖利率亦會因此較高。確認所有條件都符合要求後，接著按下❼「PREVIEW（預覽）」進入下一步。

21ST CENTY FOX AMER INC
NON CALLABLE

COUPON: 7.900
MATURITY: 12-01-2095

DESCRIPTION

CUSIP:	90131HBS3	Industry:	Industrial	Pay Frequency:	Semi-Annually
Listed:	No	Dated Date:	12-01-2014	First Coupon:	06-01-2015
Ratings:	---/A/---	Delivery:	Book Entry	Payment Months:	Jun, Dec
				Call Schedule:	Non Callable

OFFER INFORMATION

Offer Qty: 50 / Order Qty: 5 ❷ / Settlement Date: 06-03-2019
❶ Minimum: 5 / Increment: 1 / Min Balance Remaining: 5

❹ **ORDER PRICING** ❺

Price: 167.336 / Yield to Maturity: 4.664 / Principal: $8,366.80
Current Yield: 4.721 / Lowest Yield: NaN / Accrued Interest: $2.19
Misc. Fee: $0.00
Total Dollars: $8,368.99 ❻

Return to Search Results >> ❸ CALCULATE PREVIEW ❼ CLEAR

接續下頁

進入下一個頁面後，會出現此次交易債券的相關摘要及❶「Total Dollars（總金額）」8,368.99美元。資料確定無誤以後，按下下方橘色❷「SUBMIT（提交）」按鈕即可送出訂單，若交易成功即會收到第一證券通知。

資料來源：第一證券

圖解教學❹　　如何透過海外券商（盈透證券）購買公司債？

用盈透證券（Interactive Brokers）交易公司債的方法，主要可分為「申請交易債券許可」、「下載TWS軟件」和「開始下單」3部分。由於盈透證券可以交易的商品種類相當多，因此投資人必須先申請交易債券的許可，才可買賣公司債。

首先，進入盈透證券首頁（www.interactivebrokers.com.hk/cn/home.php），❶「登錄」盈透帳戶後，選擇❷「設置」，再選擇❸「帳戶設置」，接著選擇右上角❹齒輪icon處。

接續下頁

進入下一個頁面後,在交易許可找到債券,之後勾選❶「美國」,點選❷「繼續」,就可依步驟完成交易公司債的申請。一般而言1～2個工作天就可以完成許可,申請完成後盈透證券會用Email通知已開通債券交易功能。

取得交易債券許可通知後,就可以開始使用網頁或App直接交易債券。但建議可以使用電腦安裝能搜尋債券並提供詳細報價的「TWS軟件」,待TWS軟件安裝完成後再開始交易債券。回到盈透證券首頁後,點選❶「交易技術」,在下拉選單點選❷「TWS軟件」。

STEP 4

進入下一個頁面後，按下❶「最新版TWS」。

STEP 5

進入下一個頁面後，點選❶「下載」。進入下一個頁面後會出現❷「TWS安裝說明」，依指示即可完成安裝。

接續下頁

安裝完成後就可以開始交易公司債了，首先打開電腦桌面上的「TWS軟件」，輸入❶「使用者名稱、密碼」後，按下❷「Log In」登入盈透帳戶。點選左上角❸「買賣訂單」。接著，複製欲交易的公司債CUSIP碼，此處以2095年到期的迪士尼公司債為例，在跳出的視窗「定單委託單」上❹「空格」處輸入迪士尼公司債的CUSIP碼「90131HBS3」，然後按下鍵盤Enter鍵。

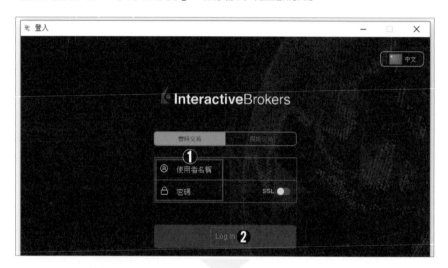

接著會出現債券相關資訊，按下❶「預覽」確認相關交易資訊，確認無誤後按下
❷「傳送」，即可完成下單。記得在買進公司債前應先觀察買賣價的變化，若買
賣價差異太大，代表流動性太差，可能就不宜買進。

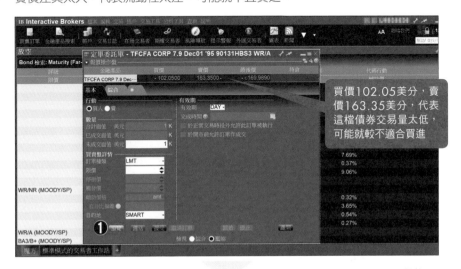

買價102.05美分，賣
價163.35美分，代表
這檔債券交易量太低，
可能就較不適合買進

資料來源：盈透證券

6-4　好用投資網站大彙整
縮短分析研究時間

　　由於台灣讀者對於美股不是那麼熟悉，下面就來介紹幾個我在觀察總體經濟、普通股、特別股和公司債常用的網站，其中許多網站都提供中文資訊，只要善加利用就可以大大減少研究時間。

表 1　**除了英文網站外，也有多個中文網站可查詢美股資訊**
——美股投資常用網站

類型	網站名稱	語言	說明	網址
總體經濟	Stock-ai，自由的全球總經百科	中文	各國經濟數據都有，使用圖表非常方便	stock-ai.com
	MacroMicro 財經M平方	中文	各國經濟數據都有，使用圖表非常方便	www.macromicro.me/macro
	FRED Economic Research	英文	以美國經濟數據為主，繪製圖表及解讀趨勢都十分容易上手	https://fred.stlouisfed.org

類型	網站名稱	語言	說明	網址
普通股	MoneyDJ理財網	中文	簡單介紹美國上市公司的經營業務，是初步了解公司的好管道	https://money.moneydj.com/us/basic/basic0001/AAPL
	Morningstar	中文	免費提供10年財務資料，也可查詢管理階層持股情形及所領酬勞，可以快速了解公司營運狀況，再決定是否投資	**1.財務報表**：https://financials.morningstar.com/income-statement/is.html?t=AAPL&region=usa&culture=zh-TW&platform=sal **2.管理階層持股**：https://insiders.morningstar.com/trading/insider-activity.action?t=AAPL&region=usa&culture=zh-TW&platform=sal **3.管理階層薪酬**：https://insiders.morningstar.com/trading/executive-compensation.actiont=AAPL&region=usa&culture=zh-TW&platform=sal **4.重要財務比率**：https://financials.morningstar.com/ratios/r.html?t=AAPL&region=USA&culture=zh-TW&platform=sal
	SEC	英文	美國各上市公司年報及各種申報文件，輸入代號即可搜尋	www.sec.gov/search/search.htm
	DATAROMA	英文	整理巴菲特（Warren Buffett）最新的投資組合，也有提供其他知名經理人，看看大師們最近買些什麼股票，可以節省非常多研究時間	https://dataroma.com/m/home.php
	Seeking Alpha	英文	提供美股各上市公司的新聞、法說會等訊息，最實用的功能是可看見網友對公司的各項深入分析及評論，非常有參考價值	https://seekingalpha.com/news/all

接續下頁

類型	網站名稱	語言	說明	網址
特別股	兆豐證券海外市場	中文	可以下載【特別股】大全集的地方，資料非常詳細	www.emega.com.tw/emegaAbroad/financialTool.do
	Dividend Channel	英文	可以同時查詢特別股或普通股股利的網站，而且追溯歷史相當長，是查詢股利紀錄的好幫手	www.dividendchannel.com/history/?symbol=AAPL
	QuantumOnline.com	英文	可以查詢特別股發行說明書的網站，網頁本身也會做簡單說明，分類也是所有網站最仔細的，將特別股分為傳統特別股、信託優先股、第三方信託優先股、ETD交易所交易債等	www.quantumonline.com/SearchDD.cfm?tickersymbol=AAPL&sopt=symbol
公司債	FINRA	英文	挑選公司債的最佳網站，設定幾個條件，就可以找到許多到期殖利率7%以上的公司債	www.finra.org

註：更改股票代號（表中紅字），即可查詢不同公司的資料

Note

國家圖書館出版品預行編目資料

30歲警官靠美股提早退休／施雅棠著--一版.--臺北市：Smart智
富文化, 城邦文化, 2019.07
　　面；　公分
ISBN 978-986-97681-3-9（平裝）

1.股票投資 2.證券市場 3.美國

563.53　　　　　　　　　　　　　　　108008986

Smart 智富
30歲警官靠美股提早退休

作者	施雅棠
企畫	周明欣

商周集團	
榮譽發行人	金惟純
執行長	郭奕伶
總經理	朱紀中

Smart 智富	
社長	林正峰（兼總編輯）
副總監	楊巧伶
編輯	邱慧真、胡定豪、施茵曼、陳婕妤、陳婉庭
	劉鈺雯
資深主任設計	張麗珍
封面設計	廖洲文
版面構成	林美玲、廖彥嘉

出版	Smart 智富
地址	104 台北市中山區民生東路二段 141 號 4 樓
網站	smart.businessweekly.com.tw
客戶服務專線	（02）2510-8888
客戶服務傳真	（02）2503-5868
發行	英屬蓋曼群島商家庭傳媒股份有限公司城邦分公司

製版印刷	科樂印刷事業股份有限公司
初版一刷	2019 年 7 月
初版八刷	2021 年 3 月

ISBN	978-986-97681-3-9

Smart 智富 讀者服務卡

為了提供您更優質的服務，《Smart 智富》會不定期提供您最新的出版訊息、優惠通知及活動消息。請您提起筆來，馬上填寫本回函！填寫完畢後，免貼郵票，請直接寄回本公司或傳真回覆。Smart 傳真專線：（02）2500-1956

1. 您若同意 Smart 智富透過電子郵件，提供最新的活動訊息與出版品介紹，請留下
   電子郵件信箱：＿＿＿＿＿＿＿＿＿＿＿＿＿＿＿＿＿＿＿＿＿＿＿＿＿＿＿

2. 您購買本書的地點為：☐ 超商，例：7-11、全家
   ☐ 連鎖書店，例：金石堂、誠品
   ☐ 網路書店，例：博客來、金石堂網路書店
   ☐ 量販店，例：家樂福、大潤發、愛買
   ☐ 一般書店

3. 您最常閱讀 Smart 智富哪一種出版品？
   ☐ Smart 智富月刊（每月 1 日出刊）　☐ Smart 叢書　☐ Smart DVD

4. 您有參加過 Smart 智富的實體活動課程嗎？　☐ 有參加　☐ 沒興趣　☐ 考慮中
   或對課程活動有任何建議或需要改進事宜：＿＿＿＿＿＿＿＿＿＿＿＿＿＿＿

5. 您希望加強對何種投資理財工具做更深入的了解？
   ☐ 現股交易　☐ 當沖　☐ 期貨　☐ 權證　☐ 選擇權　☐ 房地產
   ☐ 海外基金　☐ 國內基金　☐ 其他：＿＿＿＿＿＿＿＿＿＿＿＿＿＿＿

6. 對本書內容、編排或其他產品、活動，有需要改善的事項，歡迎告訴我們，如希望 Smart
   提供其他新的服務，也請讓我們知道：＿＿＿＿＿＿＿＿＿＿＿＿＿＿＿＿＿

＿＿＿＿＿＿＿＿＿＿＿＿＿＿＿＿＿＿＿＿＿＿＿＿＿＿＿＿＿＿＿＿＿＿＿＿

您的基本資料：（請詳細填寫下列基本資料，本刊對個人資料均予保密，謝謝）

姓名：＿＿＿＿＿＿＿＿	性別：☐ 男　☐ 女
出生年份：＿＿＿＿＿＿	聯絡電話：＿＿＿＿＿＿
通訊地址：＿＿＿＿＿＿＿＿＿＿＿＿＿＿＿＿＿＿	

從事產業：☐ 軍人　☐ 公教　☐ 農業　☐ 傳產業　☐ 科技業　☐ 服務業　☐ 自營商　☐ 家管

您也可以掃描右方 QR Code、回傳電子表單，提供您寶貴的意見。

想知道 Smart 智富各項課程最新消息，快加入 Smart 自學網 Line@。

行銷部 收

●請沿著虛線對摺，謝謝。

書號：WBSI0085A1
書名：30 歲警官靠美股提早退休